Michael P. Wurst

Coaching auf dem Nil

Michael P. Wurst

Coaching auf dem Nil

Reihe NLP auf Reisen

Trainerverlag

Impressum / Imprint
Bibliografische Information der Deutschen Nationalbibliothek: Die Deutsche Nationalbibliothek verzeichnet diese Publikation in der Deutschen Nationalbibliografie; detaillierte bibliografische Daten sind im Internet über http://dnb.d-nb.de abrufbar.

Bibliographic information published by the Deutsche Nationalbibliothek: The Deutsche Nationalbibliothek lists this publication in the Deutsche Nationalbibliografie; detailed bibliographic data are available in the Internet at http://dnb.d-nb.de.

Coverbild / Cover image: www.ingimage.com

Verlag / Publisher:
Der Trainerverlag
ist ein Imprint der / is a trademark of
AV Akademikerverlag GmbH & Co. KG
Heinrich-Böcking-Str. 6-8, 66121 Saarbrücken, Deutschland / Germany
Email: info@verlag-trainer.de

Herstellung: siehe letzte Seite /
Printed at: see last page
ISBN: 978-3-8417-5056-3

Inhaltsverzeichnis:

A. Vorbemerkungen

In der Folge beschreibe ich die Coachingmaßnahmen mit denen ich während meiner Nilkreuzfahrt auf einer Dahabeya[1] im Dezember 2010 eine Mitreisende unterstützt habe.

Abb. 1: Die Dahabeya „Samira" (Schwesterschiff der „Jasmina") auf dem Nil zwischen Edfu und Silsila

[1] Dahabeyas sind elegante, im Kolonialstil gebaute Flusssegelschiffe, auf denen Anfang des 19. Jahrhunderts die wohlhabenden Europäer über den Nil fuhren. Es handelt sich bei diesen Schiffen um neue Schiffe alten Stils, die keinen eigenen Motor haben, sondern den Nil hinaufsegeln oder sich von einem Schlepper ziehen lassen.

B. Leah und die Doktorarbeit

I. Vorbemerkungen

Der folgende Praxisfall wurde von mir in Form einer Geschichte erstellt, um ihn zum einen plastischer zu machen und um dem interessierten Leser die Möglichkeit zu bieten sich in den Coach hineinversetzen zu können. Die Namen der beteiligten Personen wurden zum Schutz der Beteiligten verändert.

II. Vorgeschichte

Seit einigen Jahren ergibt es sich nun schon, dass sich für mich aus der Auftragslage resultierend der Monat Dezember für längere Urlaubsreisen anbietet. Grundsätzlich ist dies erst einmal kein schlechter Zeitpunkt, da ich weder das Gelsenkirchener Dezemberwetter schätze, noch ein allzu großer Freund der im Dezember omnipräsenten Weihnachtsdekorationen bin, inzwischen musste ich allerdings doch einen kleinen Haken daran erkennen, stets im Dezember verreisen zu wollen: Die Reiseziele gehen einem so langsam aus. Zumindest wenn man bei jeder Reise andere Länder besuchen möchte, zeigt sich nach und nach, dass die Liste der Optionen kürzer wird, auf der einen Seite natürlich bedingt durch natürliche Gegebenheiten – Wer möchte schon gerne den südamerikanischen Urwald und das Amazonasbecken in der Regenzeit bereisen oder Alaska bei -30° Celsius? – auf der anderen jedoch auch durch die in den letzten Jahren immer spärlicher werdenden Angebote der Veranstalter in Bezug auf Reisen über die Feiertage.

Nun suchte ich also nach Kuba, Vietnam und Kambodscha in den Vorjahren ein neues Ziel, als der Zufall mir zur Hilfe kam. In einem Reisemagazin im Fernsehen sah ich einen Bericht über Kreuzfahrten, über „andere" Kreuzfahrten. Darunter war unter anderem auch eine Nilkreuzfahrt mit einer Dahabeya und das schien eben etwas wirklich anderes zu sein, als die auf mich abstoßend wirkenden Blitznilkreuzfahrten auf den großen 5-Sterne-Touristen-Schlachtkreuzern. Da mich die Hinterlassenschaften antiker Kulturen ohnehin seit jeher fasziniert haben – in jüngeren Jahren dürfte ich so ziemlich jeden antiken Stein in Griechenland begutachtet haben – machte ich mich also im Internet auf die Suche nach einem Anbieter von Dahabeya-Kreuzfahrten. Lange sollte die Suche indes nicht dauern und bereits nach kurzer Zeit hatte ich ein in jeder Hinsicht attraktives Angebot ausgemacht, eine einwöchige Dahabeya-Kreuzfahrt zwischen Luxor und Assuan mit umfassendem Besichtigungsprogram, im Anschluss drei Tage für die Höhepunkte Kairos und seiner näheren Umgebung, sowie einigen abschließenden Tagen in der Makadi Bay. Kurzum: Es wurde gebucht und auf den Beginn der Reise gewartet.

Anfang Dezember war es dann endlich soweit, von Düsseldorf ging der Flug nach Luxor, dem Ausgangspunkt der weiteren Reise. Große Zeit zum Kennenlernen der Mitreisenden wurde uns am ersten Abend nicht gewährt, nach einem Abendessen im Hotel ging es direkt per pedes zur abendlichen Besichtigung des Luxor-Tempels[2], welcher sich uns in unterschiedlichen Farben beleuchtet darbot.

Bei einem anschließenden Café-Besuch stellte sich dann unser Reiseleiter Ahmet näher vor, bevor es zurück zum Hotel ging.

[2] Er wurde zur Zeit des Neuen Reichs errichtet und südlicher Harem des Amun von Karnak genannt. Er war dem Gott Amun, seiner Gemahlin Mut und ihrem gemeinsamen Sohn, dem Mondgott Chons, geweiht.

Abb. 2: Statuen und Obelisk Ramses II. vor dem großen Pylon des Luxor-Tempels

Am nächsten Tag folgten dann die Besichtigung des Karnak-Tempels[3], des Tals der Könige[4], sowie des Tempels der Hatschepsut in Deir el-Bahari[5] und

[3] Der Tempel des Amun-Re ist der zentrale Teil des Amun-Bezirkes in Karnak, welcher seinerseits den Mittelpunkt eines größeren Komplexes von Kultbauten, den Karnak-Tempel, bildet. Mit seinen insgesamt zehn Pylonen, der größte ca. 113 Meter breit und ca. 15 Meter dick bei einer geplanten Höhe von ca. 45 Meter, und einer Gesamtfläche von ca. 30 Hektar (530, 515, 530 und 610 Meter

der Memnonkolosse[6]. In Esna wurden wir dann von Kapitän Ramadan auf unserer Dahabeya „Jasmina“ empfangen und beim anschließenden Mittagessen an Bord bot sich nun die erste richtige Gelegenheit, sich mit den Mitreisenden näher bekannt zu machen.

Insgesamt gab es noch acht Mitreisende:

- Das Ehepaar Schneider aus der Nähe von Stuttgart, ein pensionierter Lehrer und eine Sekretärin im Ruhestand
- Das Ehepaar Fischer aus Stuttgart, ein ehemals als Berater tätiger Mathematiker und eine ehemalige kaufmännische Angestellte
- Zwei ebenfalls im Ruhestand befindliche Damen, Gerda aus München und Hilde aus Aachen, die sich über Hildes Tochter kennengelernt hatten und nun gelegentlich gemeinsam verreisten

---

Seitenlänge) ist der Tempel des Amun-Re der größte Tempel Ägyptens. Er enthielt neben dem Tempel des Amun-Re noch den Tempel des Chons, den Tempel der Opet, den Tempel des Ptah, den Tempel des Amenhotep II. und verschiedene Stationskapellen für die Götterbarke, wie die Weiße Kapelle und die Rote Kapelle.

[4] Im Tal der Könige sind insbesondere die Gräber der Herrscher des Neuen Reichs (ca. 1550 v. Chr. bis 1069 v. Chr., 18. bis 20. Dynastie) zu finden. Das Tal befindet sich in Theben-West, gegenüber von Karnak, am Rand der Wüste und ist gesäumt von hohen Bergen, namentlich durch die natürliche Felspyramide el Korn oder el-Qurn (Das Horn). Nahezu das gesamte Gebiet von Theben-West bildet eine riesige Nekropole, in der bis heute 63 Gräber und Gruben aufgefunden wurden. Südlich davon liegt das Tal der Königinnen.

[5] Der Totentempel der Hatschepsut stammt aus der 18. Dynastie und ist der am besten erhaltene Tempel in Deir el-Bahari am Westufer des Nils in Theben. Auffällig ist seine eigenwillige Architektur. Die Pylone sind durch offene Pfeilerhallen am Anfang je einer Terrasse ersetzt. Der gesamte Tempel ist aus Kalkstein errichtet. Der gesamte Talkessel von Deir el-Bahari ist hauptsächlich den Göttern Hathor und Amun-Re geweiht, daneben auch Horus in Chemmis, Anubis, Amun und Iunmutef. Der Tempel wurde bis in ptolemäische Zeit genutzt. In koptischer Zeit entstand auf dem Tempel das Phoibammon-Kloster. Das Kloster wurde bis ins 11. Jahrhundert genutzt und von verschiedenen Bischöfen besucht. Der Totentempel der Hatschepsut ist ein sogenanntes Millionenjahrhaus.

[6] Die Memnonkolosse (arabisch el-Colossat oder auch es-Salamat) sind zwei nebeneinander stehende altägyptische Kolossalstatuen aus dem 14. Jahrhundert v. Chr. Sie befinden sich im Niltal unweit des Tals der Könige (Bibân el-Molûk) in Theben-West. Die Statuen befanden sich in der Vergangenheit vor den Pylonen des Eingangs zum Tempel des Amenophis III.(ägyptisch Amenhotep III.), einem Pharao der 18. Dynastie.

- Leah und Samira, zwei junge Ärztinnen, die miteinander ihre urologische Facharztausbildung an einem Siegener Krankenhaus bestritten und neben weiteren gemeinsamen Freizeitaktivitäten nun auch die Ägyptenreise zusammen angetreten hatten

Wie stets auf Gruppenreisen kam es auch hier, trotz der recht kleinen Gruppe, zur üblichen Grüppchenbildung und so ergab es sich, dass ich die meiste Zeit mit Leah und Samira verbrachte. Verwunderlich war dies natürlich nicht, denn schließlich waren wir drei es, die den Altersdurchschnitt der Reisegruppe „ruinierten“. Insbesondere mit Leah hatte ich viele längere Gespräche zu den unterschiedlichsten Themen, da sich früh zeigte, dass wir in vielen Punkten auf der gleichen Wellenlänge lagen, ähnliche Ansichten hatten und vergleichbare Erfahrungen in bestimmten Situationen gemacht hatten.
So verliefen die nächsten Tage damit, dass wir zwischen den Landausflügen zusammen an Deck saßen und über die unterschiedlichsten privaten und beruflichen Erlebnisse sprachen. Hierbei kam ich dann irgendwann auch einmal darauf zu sprechen, dass ich mich seit einigen Jahren intensiv mit Mediation und Coaching beschäftigte. Leah fand dieses Thema sehr interessant und so vertieften wir es in der Folge ausgiebig. Sie meinte später, dass Mediation und Coaching auf ihrer Station im Krankhaus ein breites Anwendungsfeld finden würden, da sich dort so ziemlich alles anfinden würde, was einem als passende Problemstellung in den Sinn käme: Teamkonflikte, Arzt-Patienten-Konflikte, soziale Kompetenzmängel, Überlastung, fehlende Führungsqualitäten etc.

Abb. 3: Kapitän Ramadan hat alles im Griff an Bord seiner Dahabeya „Jasmina“

Im Rahmen unserer Gespräche kamen wir dann auch auf ein Thema, dass uns ebenfalls beide beschäftigte, Leah allerdings schon etwas länger und ganz offensichtlich lastete es auf ihr auch wesentlich schwerer, als dies bei mir der Fall war. Es ging um das Erstellen einer Doktorarbeit und Leah schob diese Aufgabe nun schon eine ganze Zeit vor sich her. Daher entschloss ich mich dazu, ihr meine Hilfestellung als Coach in dieser Angelegenheit anzubieten und da sie sich ja ohnehin sehr für meine Geschichten über Coaching interessiert hatte, zögerte sie nur kurz und nahm mein Angebot an.

III. Das Problem

Nun ging es darum das Problem erst einmal genauer zu spezifizieren, um ihm dann im Anschluss auf den Grund zu gehen.

Nachdem ich ja bereits wusste, dass Leah sich mit dem Erstellen ihrer Dissertation schwer tat, ging es mir zunächst darum eine Bestandsaufnahme zu machen:

- Wie ist der aktuelle Stand dieses Vorhabens?
- Gibt es äußere Hindernisse oder sind es eher innere Barrieren, die den Fortschritt aufhalten?
- Gibt es ein konkretes Problem oder ist es unklar, warum aktuell kein Fortschritt mehr stattfindet?

Während wir nun mit unserer Dahabeya auf dem Nil dahinglitten, versuchte ich zunächst von Leah Antworten auf diese grundlegenden Fragen zu erhalten. Danach bot sich mir folgendes Bild:

- Leah hatte die statistischen Daten für ihre Dissertation bereits 2005 während ihres Studiums erhoben und damals auch bereits eine Auswertung der Daten vorgenommen
- Leah ist parallel zum Studium und Examen nicht dazu gekommen das für eine Dissertation notwendige „Drumherum“ zu den Daten zu erstellen
- Leah hatte zuletzt 2007 Kontakt zu ihrem Betreuer für die Dissertation
- Leah ist sich inzwischen nicht mehr sicher, ob es angesichts der vergangenen Zeit „überhaupt noch Sinn hat das Ganze zu beenden“

- Leah kann sich neben der aktuellen Tätigkeit als Assistenzärztin – 12-Stunden Arbeitstage sind eher die Regel und dazu kommen häufig noch 24-Stunden Bereitschaftsdienste – und der Facharztausbildung nicht dazu motivieren die Dissertation erneut in Angriff zu nehmen

Es ließ sich also in Bezug auf die obigen Fragen erst einmal festhalten, dass die grundlegende Forschungsarbeit abgeschlossen war, aber nicht in angemessener Form aufbereitet worden war. Weiterhin zeigte sich, dass äußere Hindernisse nicht offensichtlich waren, aber aufgrund des Alters der Daten auch nicht völlig auszuschließen waren. Auch ein konkretes, ohne weiteres fassbares Problem, ließ sich nicht ausmachen, vielmehr deutete alles darauf hin, dass Leah sich angesichts ihrer beruflichen Belastung nicht ausreichend selbst motivieren konnte, die in ihren Augen große – und eventuell zu große – Aufgabe erneut anzupacken.
Damit hatte ich nun ein Bild des Problems.

IV. Die Problemlösung

Für mich ging es nun darum:

i. Leah durch Vorübungen für die weiteren Schritte zu befähigen
ii. Mein Verständnis des Problems zu überprüfen
iii. Ein Format zur Bearbeitung des Problems auszuwählen oder zu konstruieren
iv. Das Format anzuwenden und eine Erfolgskontrolle durchzuführen
v. Eine Nachbesprechung durchzuführen und Leah Tipps für die Zukunft zu geben

Abb. 4: Tempel von Edfu[7]

i. Vorübungen

Nach meinem Verständnis hatte Leah Probleme beim Erstellen ihrer Dissertation, diese beruhten nach meiner Einschätzung jedoch nicht auf einer Interferenz im Zusammenhang mit diesem Ziel, sondern vielmehr darauf, dass Leah zum einen nicht genügend Energie aufbringen konnte und sie zum anderen – bedingt durch den Umfang der Aufgabe – mit dem Beginnen überfordert war.

Um diese von mir vorgenommene Einschätzung überprüfen zu können, musste ich Leah nun zunächst einige Grundlagen vermitteln bzw. bewusst

---

[7] Die Tempelanlage von Edfu war dem lokalen Gott Hor-Behdeti, dem „Horus von Edfu", geweiht und wurde im Zeitraum von 237 bis 57 v. Chr., während der Herrschaft der Ptolemäer über Ägypten, erbaut.

vor Augen führen. Hiermit sind der Unterschied zwischen assoziierter und dissoziierter Wahrnehmung im Allgemeinen, sowie die vier Wahrnehmungspositionen im Speziellen gemeint.

1. Assoziierte Wahrnehmung vs. Dissoziierte Wahrnehmung

Zunächst bat ich Leah darüber nachzudenken, welches die zehn schönsten und glücklichsten Momente in ihrem Leben waren und sich diese wieder ins Gedächtnis zu rufen. Neben diesen positiven Ressourcen, bat ich Leah auch darum sich zehn negative Momente – hierbei allerdings nicht die persönlichen Super-GAUs, sondern höchstens mittlere Katastrophen – abermals zu vergegenwärtigen.

Anschließend ließ ich Leah eine der positiven Situationen auswählen, wobei ich sie darum bat für den Anfang eine Situation zu nehmen, die nicht zu persönlich ist, so dass sie auch ungehemmt mit mir darüber reden könnte. Diese Situation sollte dann Leahs erster Strandspaziergang sein.

Anhand dieser Situation erklärte ich Leah nun den Unterschied zwischen assoziierter und dissoziierter Wahrnehmung und übte mit ihr den Wechsel zwischen beiden Wahrnehmungsformen, wie es auch in Abb. 5[8] dargestellt ist.

„Leah, ich möchte dich nun bitten dir deinen ersten Strandspaziergang noch einmal vorzustellen."

„Okay! Mache ich."

„Gut Leah, siehst du dich von außen in dieser Situation oder befindest du dich wieder in der Situation und siehst alles direkt durch deine eigenen Augen?"

„Ich sehe mich als junges Mädchen, wie ich am Strand spazieren gehe."

„In Ordnung, wie fühlt sich das an?"

---

[8] Vgl. auch Anhang A.

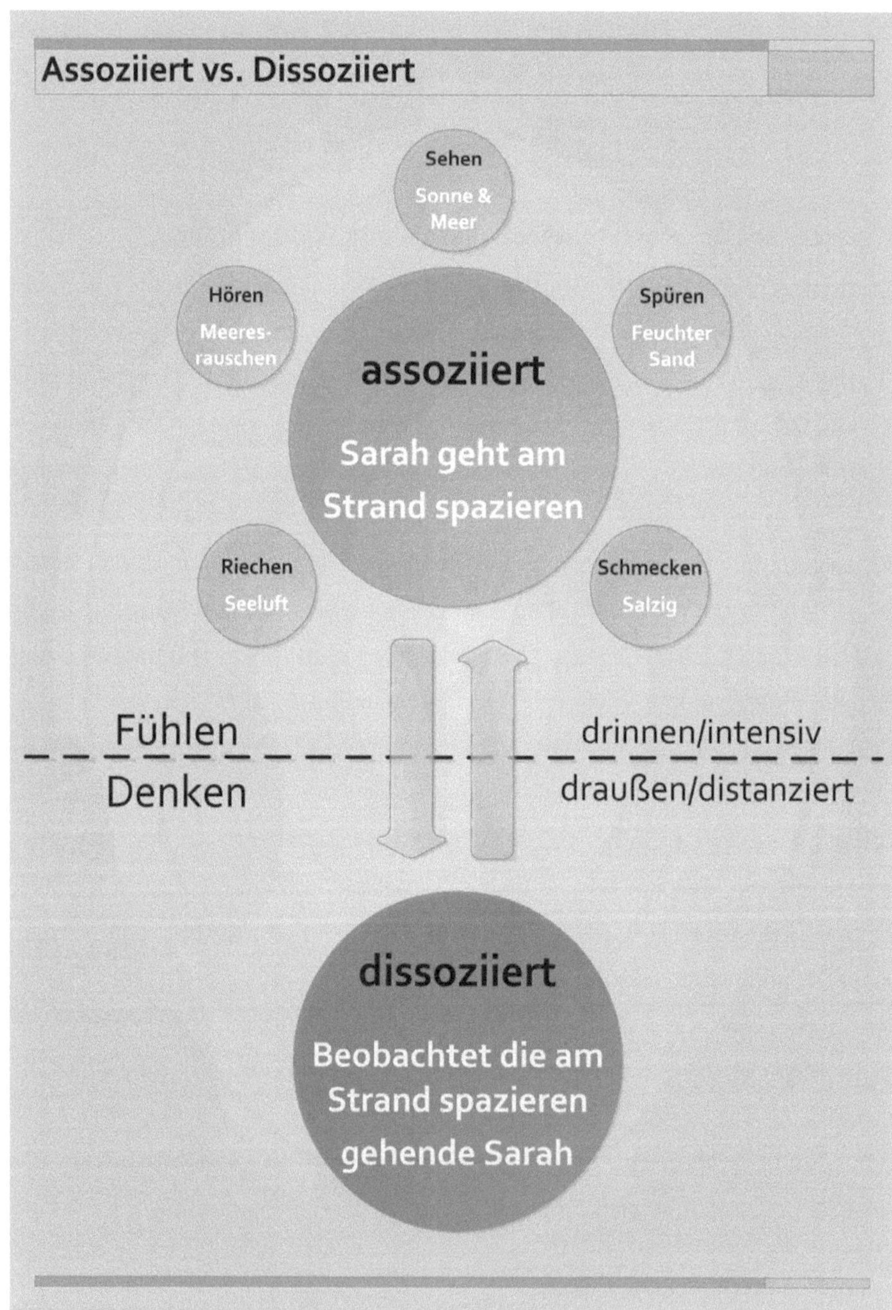

Abb. 5: Assoziation vs. Dissoziation

„Es fühlt sich gut an, es ist schön sich diesen glücklichen Moment wieder vor Augen zu führen und irgendwie in die Vergangenheit einzutauchen.“

„Leah, damit hast du völlig recht, allerdings siehst du dich momentan noch von außen, du bist dissoziiert und damit sind die wenn auch schon starken positiven Gefühle, die du jetzt wahrnimmst eigentlich nur ein Schatten der Vergangenheit, ein Schatten ihrer selbst.“

„Aber es fühlt sich doch schon sehr toll an, was soll sich da noch verbessern?“

„Am besten wir probieren es einfach mal aus, dann kannst du den Unterschied selbst beurteilen Leah.“

„Ja, das können wir gerne machen.“

„Gut Leah, ich möchte nun, dass du einen Schritt nach vorn machst und sozusagen in die Leah, die am Strand spazieren geht, hineinschlüpfst. Ich werde auch versuchen dich dabei ein bisschen zu unterstützen.“

„Okay!“

„Leah, du bist jetzt wieder in der Situation von damals ... am wunderschönen Mittelmeerstrand ... du siehst wieder was du damals gesehen hast ... tauche wieder ganz in den Moment ein ... du siehst das Meer und den blauen Himmel ... du hörst wieder was du gehört hast ... der erste Strandspaziergang ... du hörst das Rauschen des Meeres und wie die Wellen sanft auf den Strand klatschen ... du spürst was du gespürt hast ... du riechst was du gerochen hast ... du schmeckst ...“

In Leahs Gesicht zeigten sich während dieses sanften Übergangs deutliche Veränderungen, sie entspannte sich zunehmend und ein wunderschönes, Glück ausstrahlendes Lächeln trat auf ihre Lippen.

„Leah, beschreibe mir doch bitte einmal die Situation, was spürst du gerade?“

„Ich bin das erste Mal am Strand und spüre den Sand unter meinen Füßen, mit jedem Schritt spüre ich den feuchten Sand zwischen meinen Zehen.“, sagte sie und strahlte dabei mehr und mehr Glück aus.

„Das ist wunderbar Leah. Riechst und schmeckst du auch etwas?"
„Die Luft hat einen ganz tollen salzigen Geschmack, der ist total intensiv und es riecht auch nach Meer, es kribbelt in der Nase."
„Leah und jetzt, wo du dich wieder voll und ganz in die Situation begeben hast, beschreibe mir doch einmal, wie du dich fühlst."
„Ich bin so glücklich, ich bin das erste Mal am Meer und alles ist sooo schön, es gibt so viel zu entdecken und ich fühle mich frei, es ist einfach ein unglaublich schönes Gefühl!"
„Das sieht man dir auch an, wie glücklich du dich jetzt fühlst Leah, du strahlst es förmlich aus. Jetzt bist du mit der Situation assoziiert und ich denke du verstehst jetzt, welchen Unterschied ich vorhin gemeint habe."
„Du hast recht Michael, jetzt ist alles so viel mehr intensiver als vorhin, einfach wunderbar."
„In Ordnung Leah, dann möchte ich, dass du jetzt wieder einen Schritt zurück machst und wieder in die dissoziierte Situation zurücktrittst."

„Das ist aber schade, es ist gerade so schön … muss das sein?"
„Ja Leah, für den Moment muss das sein, wir wollen ja den Wechsel zwischen den Positionen üben. Aber denke doch einfach daran, dass dich eigentlich nichts davon abhält, immer mal wieder in diese oder andere positive Situationen einzutauchen, dir geht ja nichts verloren und am Schluss zeige ich dir auch noch, wie du die positiven Gefühle mit ins Hier und Jetzt nehmen kannst."
„Wirklich? Versprochen?"
„Aber natürlich! Versprochen!"
„Okay, dann mache ich jetzt einen Schritt zurück."
„Und?"
„Die Intensivität ist nicht mehr da, ich sehe nur noch von außen, wie glücklich ich bin. Schade."

Ich ließ Leah nun noch einige Male den Wechsel zwischen der assoziierten und der dissoziierten Perspektive üben. Nach einigen Wechseln befand sie sich wieder assoziiert in der Situation.

„Gut Leah, ich denke wir haben jetzt genug geübt. Zeit, dass ich mein Versprechen einlöse und dir erkläre, wie du die tollen Gefühle für dich im Alltag nutzen kannst."

„Oh ja, ich bin schon gespannt, wie das geht."

„Ich will dich dann auch nicht mehr länger auf die Folter spannen. Lass dich noch einmal völlig in die Situation am Strand fallen ... du siehst das Meer und die sich kräuselnden kleinen Wellen ... du hörst das Rauschen des Meeres und das Brechen der Wellen ... du spürst bei jedem Schritt den feuchten Sand zwischen deinen Zehen ... schmeckst die salzige Luft auf der Zunge ... und riechst die Seeluft, die leicht in deiner Nase kribbelt ... du bist wieder von all den wunderbaren Gefühlen erfüllt, die du mir beschrieben hast ... du atmest tief ein und mit jedem Atemzug werden diese Gefühle noch intensiver ..."

An Leahs Gesichtszügen war deutlich abzulesen, dass sie sich sehr wohl fühlte und in eine Phase tiefer Entspannung eintrat.

„Es ist ganz toll hier am Strand!"

„Das ist wunderbar Leah ... ich möchte, dass du jeden Moment auskostet ... und wenn du soweit bist ... wenn du dieses starke schöne Gefühl ganz intensiv spürst ... dann möchte ich, dass du noch zehnmal ganz tief einatmest ... und mit jedem Atemzug machst du einen Schritt nach vorn ... und mit jedem Atemzug lässt du das Gefühl noch weiter wachsen ... während dich jeder Schritt wieder etwas zurück in das Hier und Jetzt trägt ... lass dir so viel Zeit dafür wie du brauchst, damit das Gefühl weiter in dir wachsen kann ... und während du so mit jedem Schritt wieder zurück hier auf die Dahabeya kommst, die über den Nil gleitet, verstärkt sich das wunderschöne Gefühl am Strand spazieren zu gehen immer weiter und weiter ... und wenn du schließlich wieder hier angekommen bist, wirst du feststellen, dass dieses wunderschöne starke Gefühl immer noch präsent ist … du kannst immer wenn du es brauchst, ob heute oder vielleicht auch erst später, darauf zugreifen und aus ihm neue Energie schöpfen … lass dich jetzt einfach darauf ein und lass dir Zeit, damit es geschehen kann … und wenn du soweit bist, kommst du, so wie beschrieben zurück … komm zurück und genieße jeden Schritt den du auf dem Weg machst."

Nun dauerte es noch einige Zeit, in der Leah die Gefühle die sie hatte noch einmal in vollen Zügen genoss, bis sie dann mit langsamen, bedächtigen Schritten wieder zurück an Bord kam. Im Anschluss an diese Übung unterhielten wir uns noch lange und intensiv über das, was geschehen war und Leah brachte mehrfach ihre Überraschung darüber zum Ausdruck, wie intensiv sie die Situation aus der Vergangenheit und insbesondere die verblassten – eventuell sogar verloren geglaubten – Gefühle erlebt hatte. Vermutlich hätten wir an diesem Tag noch länger über ihre neu gewonnenen Eindrücke gesprochen, wenn uns Ahmet nicht zum nächsten Landausflug zum Doppeltempel von Kom Ombo[9] gerufen hätte.

---

[9] Der Doppeltempel von Kom Ombo entstand in der ptolemäischen Epoche Ägyptens (304 bis 31 v. Chr.). Geweiht war er den beiden getrennt voneinander verehrten Gottheiten Sobek, dem Krokodilgott, und dem falkenköpfigen Haroeris, weshalb er als „Doppeltempel" bezeichnet wird.

Abb. 6: Detail aus dem Doppeltempel von Kom Ombo, welches eine Reinigungszeremonie des Pharaos vor dem rituellen Opfer darstellt.

2. Die vier Wahrnehmungspositionen

Nach der abendlichen Besichtigung des Tempels, hatten wir alle das Bedürfnis früh schlafen zu gehen und so machte ich mit Leah aus, dass wir am nächsten Morgen direkt nach dem Frühstück mit der nächsten Übung – diesmal sollten die vier Wahrnehmungsposition auf dem Programm stehen – weitermachen würden.

Ich bat nun Leah zunächst darüber nachzudenken, ob sie mir eine in ihrem Alltag häufiger vorkommende Konfliktsituation schildern könnte, die möglichst neben ihr und der anderen Konfliktpartei noch eher passive dritte Personen umfasst. Leah brauchte nicht besonders lange, um mir eine solche Situation zu schildern, was mich allerdings – angesichts der vielen Probleme aus dem

Krankenhausalltag, die sie mir bereits in unseren ersten Gesprächen erzählt hatte – auch nicht sehr wunderte.

Leah beschrieb mir nun die folgende Situation, in der sie sich häufiger, wenn auch nicht in dieser extremen Weise, wiederfände – auf mich wirkte insbesondere das „häufiger" ein bisschen beunruhigend – und die sie als unangenehm empfand.

Die Rahmenhandlung ist eine Operation, der Handlungsort dementsprechend der OP-Saal und insbesondere der OP-Tisch, die Beteiligten sind Leah (Status: Assistenzärztin und mit der Durchführung der OP betraut), Walter (Status: Oberarzt und leitender Arzt im OP), das weitere OP-Team (Anästhesist etc.), sowie – neben anderen – die OP-Schwester Katja. Gelegentlich gibt es dann noch den Chefarzt Dr. Obermüller, der während der einen oder anderen OP in einem OP-Beobachtungsraum anwesend ist und von dort die Arbeit seiner Mitarbeiter beaufsichtigt.

Wenn ich die von Leah geschilderte Situation mit ihren Beteiligten nun in Bezug zu dem Modell der vier Wahrnehmungspositionen setzte, bot sich mir das in Abb. 7[10] dargestellte Bild, welches ich nun dazu einsetzen wollte, um Leah die vier Wahrnehmungssituation vorzustellen und später dazu mit ihr zu üben diese unterschiedlichen Positionen einzunehmen und zwischen ihnen zu wechseln.

Ich begann nun mit der 1st position und bat Leah sich, wie sie es am Vortag gelernt hatte, in sich selbst in der beschriebenen Situation zu assoziieren. Sie hatte hierbei leichte Probleme – offensichtlich widerstrebte es ihr etwas, sich in diese eher unangenehme Situation zu begeben – so dass ich mich dazu entschloss sie – analog zum Vorgehen am Vortag unterstützend – in die Situation zu führen, was dann auch direkt beim ersten Versuch gelang.

---

[10] Vgl. Anhang B.

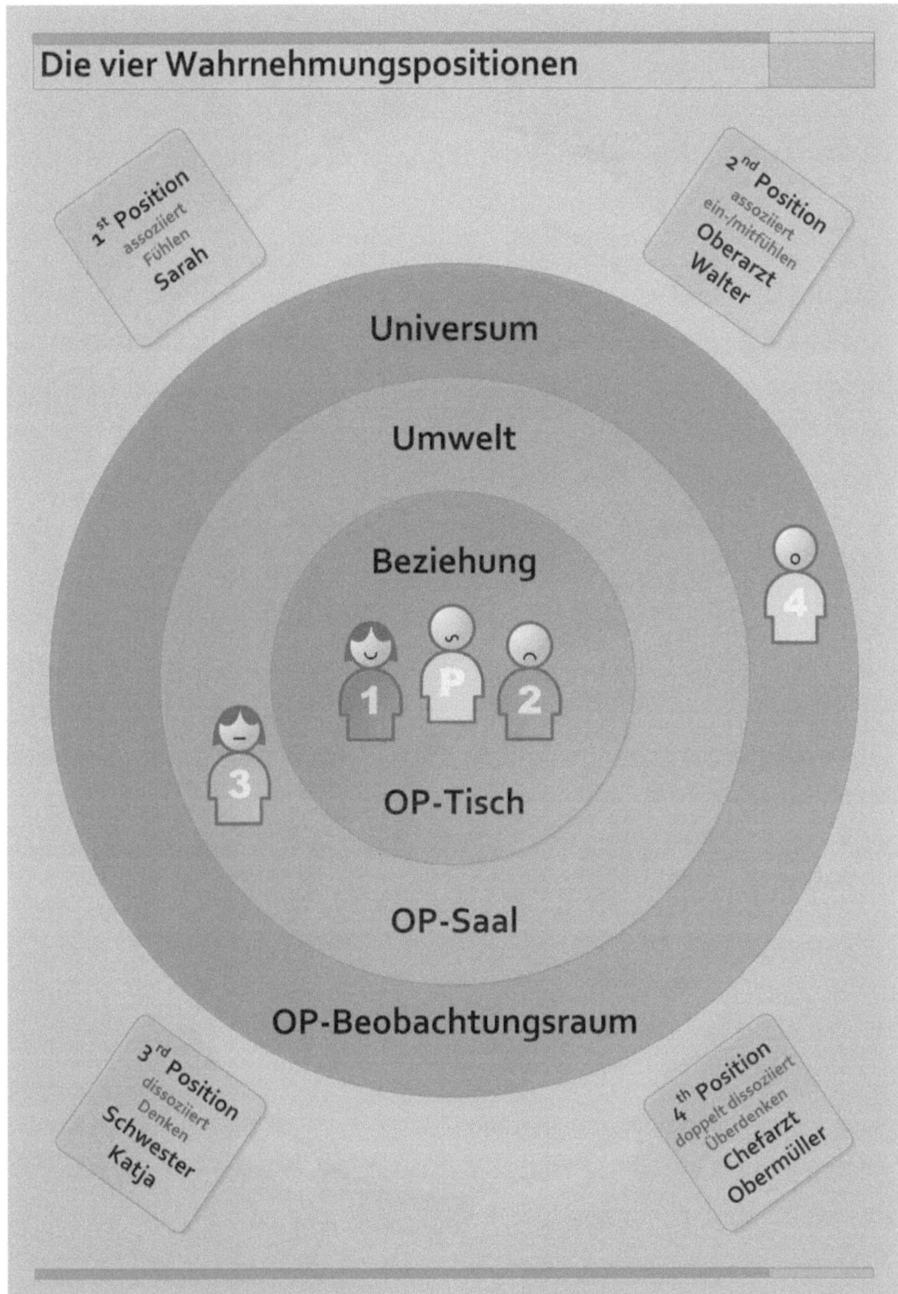

Abb. 7: Die vier Wahrnehmungspositionen

Im Anschluss bat ich Leah darum, mir die Situation, so wie sie sie jetzt wahrnahm, zu beschreiben.

„Ich befinde mich im OP-Saal und stehe am OP-Tisch, auf dem ein Patient mit Nierensteinen liegt, ich soll diese Steine heute entfernen.“

„Okay, wer ist noch alles anwesend, denke besonders an die drei ausgewählten Personen?“

„Auf der anderen Seite des Tisches steht Walter, der Oberarzt der die OP leitet und neben mir steht Katja. Katja ist die OP-Schwester, die mich bei der OP unterstützen wird. Und dann … dann ist da noch der Chefarzt Dr. Obermüller im Beobachtungsraum, der uns offensichtlich heute bei der OP zuschauen möchte.“

„Gut Leah, damit haben wir alle Beteiligten, schildere mir jetzt bitte was nun passiert.“

„Die Untersuchungen hatten gezeigt, dass wir eine perkutane Nephrolitholapaxie durchführen müssen, da es sich um sehr große Steine handelte, daher ließ ich mir von Schwester Katja ein Skalpell reichen um damit den notwendigen Einschnitt zum Einführen des Endoskops vorzunehmen. Ich bin gerade dabei den Schnitt anzusetzen, als Walter „Stopp“ ruft. Ich schrecke auf und gucke ihn verdutzt an. Dann sagt er, ich hätte den Schnitt zu tief setzen wollen und fängt an mir in Schulmeistermanier einen Vortrag zu halten.“

„Und wie reagieren Katja und Dr. Obermüller in dieser Situation?“

„Katja, schaut ziemlich irritiert zwischen Walter und mir hin und her, sie scheint nicht zu verstehen, was eigentlich passiert ist. Dr. Obermüller wirft mir durch das Fenster des Beobachtungsraumes einen kritischen Blick zu, dann einen eher fragenden Richtung Walter.“

„Leah jetzt hast du mir beschrieben wie sich die Situation aus deiner Perspektive darstellt, aber was fühlst du?“

„Ich fühle mich irgendwie schlecht, hab ein ganz flaues Gefühl im Magen. Ich verstehe nicht was Walter von mir will, ich bin mir total sicher alles richtig gemacht zu haben und trotzdem steh ich jetzt irgendwie dumm da. Sowohl vor Katja, mit der ich aber später darüber reden könnte, aber vor allem auch vor Dr. Obermüller, der jetzt vielleicht einen falschen und dazu noch schlechten Eindruck von mir gewonnen hat. Ich fühle mich von Walter vorgeführt und verstehe nicht, warum er das getan hat. Das deprimiert mich und macht mich irgendwie auch traurig und wütend."

„Okay Leah, dann komm jetzt bitte wieder zurück, damit wir über deine Eindrücke reden können."

Wir sprachen nun kurz über die Situation und darüber, dass diese Wahrnehmungsposition als 1st position bezeichnet wird. Nachdem wir uns dann zur Stärkung mit Tee und Keksen bewaffnet hatten, sollte es zunächst an die 3rd position gehen. Diese Art der Reihenfolge wählte ich bewusst, da die 3rd position die Position ist, deren Einnahme uns nach der 1st position am einfachsten fällt. Ihr folgen dann – sowohl theoretisch als auch in meiner Anwendung – die 2nd position und schließlich die 4th position.[11]

„Leah ich möchte dich jetzt bitten einmal die 3rd position einzunehmen, in unserem Beispiel wäre das eine Position ähnlich der, die Katja inne hat, die dich und Walter beobachtet."

„Und wie soll ich das jetzt genau machen? Mich in Katja hineinversetzen?"

„Nicht direkt Leah, es reicht völlig aus, wenn du mir beschreibst, was ein Beobachter aus einer vergleichbaren Position heraus wahrnehmen würde, sie ist ja nicht an dem Konflikt zwischen Walter und dir beteiligt, sie beobachtet ihn aber als Außenstehende. Es ist eine objektive, eine dissoziierte Position, die du jetzt einnehmen sollst."

---

[11] Vgl. hierzu auch meine Ausführungen in *Wurst*, SD und AQAL, S. 26f. und Tab. 4, bezüglich der Zusammenhänge zwischen ^{W}Memen, Konfliktlösungsbasis und den vier Wahrnehmungspositionen.

„Okay Michael, ich glaub ich habe das jetzt verstanden. Also fang ich mal an. Ich sehe einen OP-Tisch, auf dem ein für die OP vorbereiteter Patient liegt, auf der einen Seite des Tisches steht die Assistenzärztin Leah und auf der anderen der Oberarzt Walter. Leah hat bereits ein Skalpell in der Hand und will gerade zum Schnitt ansetzen, als Walter „Stopp“ ruft. Dann erklärt er, dass der Schnitt von Leah zu tief angesetzt worden wäre und beginnt einen längeren Vortrag zu diesem Thema.“

„Welchen Eindruck machen Leah und Walter auf dich? Was lässt sich an ihrem Gesichtsausdruck ablesen? Wie verhalten sie sich jetzt?“

„Walter hält noch immer seinen Vortrag, er wirkt auf der einen Seite relativ sicher, er weiß wovon er spricht, er tut dies aber nicht voll von Überzeugung, sein Gesichtsausdruck wirkt irgendwie leer und abwesend, manchmal habe ich den Eindruck, dass er zum Beobachtungsraum hinter mir schielt. Leah steht da wie angewurzelt und schaut Walter wie ein großes Fragezeichen an, sie scheint nicht zu verstehen, warum er jetzt einen solchen Vortrag hält, nach und nach tritt Sprachlosigkeit auf ihr Gesicht nach einiger Zeit schaut sie beinahe traurig an Walter vorbei auf die Wand. So geht das noch einige Zeit weiter.“

„Gut jetzt haben wir erfahren, wie sich die Situation für einen Beobachter darstellt. Wie würdest du jetzt, aus der 3rd position heraus, das Verhältnis zwischen Leah und Walter charakterisieren? Ist es objektiv betrachtet so in Ordnung oder gibt es Probleme?“

„Das Verhältnis ist angespannt, man kann es deutlich erkennen. Leah ist sehr verunsichert, da sie sich keines Fehlers bewusst ist, sie versteht vor allem nicht, warum Walter gerade jetzt während der OP anfängt einen längeren Vortrag zu halten, das ist ungewöhnlich. Selbst wenn sie etwas falsch gemacht hätte, hätte ein kurzer Hinweis völlig ausgereicht, alles andere hätte dann in der Nachbesprechung geklärt werden können, so wie es üblicher Weise gehandhabt wird. Sie scheint sich von Walter vorgeführt zu fühlen, insbesondere weil Dr. Obermüller heute im Beobachtungsraum anwesend ist, dass scheint sie zu enttäuschen und traurig zu machen. Walter wirkt irgendwie abwesend, er hält einen fachlichen Vortrag, scheint aber mit den Gedanken woanders zu sein. Er nimmt die Wirkung die er auf Leah hat offensichtlich überhaupt nicht wahr, sonst würde er sich anders verhalten, denn eigentlich passt sein aktuelles Verhalten nicht zu ihm."

„Okay Leah, das soll uns für die 3rd position genügen, bitte komm jetzt wieder zurück zu mir auf die Dahabeya, lauf einige Schritte auf und ab und schüttle dich einige Male."

Leah ging zum vorderen Mast der Dahabeya, verharrte dort einige Minuten und kam dann wieder zurück zum überdachten und mit arabischen Sitzgelegenheiten bestücktem Heck der Dahabeya. Nachdem wir uns neuen Tee geholt hatten, besprachen wir Leahs Erfahrungen mit der 3rd position. Sie fand es sehr interessant, die Situation von außen gesehen zu haben, insbesondere war sie davon überrascht, dass Walter während seines Vortrags so abwesend wirkte, bisher war ihr das nicht bewusst gewesen, da ihre eigenen, von Enttäuschung geprägten Gefühle ihre Wahrnehmung blockiert hatten. Sie hatte sich zwar nach Walters Motiven gefragt, aber die Unsicherheiten in Walters Zügen konnte sie ob ihrer eigenen Verletztheit nicht mehr gewahren.

An dieser Stelle wurden wir durch den Besuch auf dem Kamel- und Viehmarkt von Darau unterbrochen, so dass wir uns dazu entschlossen, nach dem Mittagessen fortzufahren.

Nach einer guten Portion Ful[12] und Hähnchen setzten wir uns also wieder in unsere Ecke und ich begann Leah zunächst die 2nd position grundlegend zu erklären.

Abb. 8: Die Eselabteilung auf dem Kamel- und Viehmarkt von Darau

Leah erfuhr also, dass es bei der 2nd position darum geht sich in die andere Partei – in diesem Fall somit Oberarzt Walter – hineinzufühlen, es war also nach der dissoziierten 3rd position wieder eine assoziierte Position, die es einzunehmen galt. Leah war sich nicht sicher, ob sie sich in Walter hineinfüh-

[12] Ful (arabisch فول *fūl* für „Sau-" oder „Favabohne"), ist ein einfaches, im gesamten arabischen Raum verbreitetes Gericht, das aus Saubohnen (auch Favabohnen oder Dicke Bohnen genannt) hergestellt wird. Mitunter wird es als sudanesisches und auch ägyptisches Nationalgericht bezeichnet.

len könne, ich konnte sie aber diesbezüglich beruhigen und versprach ihr, sie dabei zu unterstützen und mit Worten in die 2nd position zu führen.

„Leah ich möchte, dass du dich jetzt wieder in die Situation im OP begibst, aber diesmal nimmst du die Perspektive von Walter ein und siehst durch seine Augen, hörst mit seinen Ohren, spürst mit seinem Körper, riechst und schmeckst mit seiner Nase und seiner Zunge. Während du also hier auf dem Diwan sitzt und die weichen Polster auf denen du sitzt unter dir spürst ... während du das Zwitschern der Wasservögel hörst ... den leichten Wind im Gesicht spürst ... und den Duft von frisch aufgebrühtem Tee riechst ... kannst du dich wunderbar entspannen. Während du die Wärme der Sonnenstrahlen auf deinem Rücken spürst ... den Ruf des Muezzins zum Mittagsgebet aus der Ferne herüberwehen hörst ... das leichte Rollen der Dahabeya auf den Wellen des Nils spürst ... fällt es dir immer leichter das Hier loszulassen ... und jeder Atemzug lässt deine Entspannung tiefer und tiefer werden. Auf der Hand spürst du ein leichtes Kitzeln von einer Fliege die sich dort niedergelassen hat ... und während der Geschmack des Pfefferminztees auf deiner Zunge langsam verblasst ... wird deine Entspannung immer tiefer und tiefer ... und jeder Atemzug trägt dich weiter von hier fort in eine andere Zeit und an einen anderen Ort ... es fällt dir leichter und leichter, jetzt oder vielleicht auch erst in einigen Augenblicken die Position von Walter einzunehmen. Und während du noch entfernt spürst, wie dich eine plötzliche Windböe sanft zwischen den Zehen kitzelt ... bist du bereits woanders, bist du wieder an jenem Tag im OP ... du hast die Position von Walter eingenommen und jeder Atemzug führt dich weiter und tiefer in diese Position ... du kannst spüren, was Walter gespürt hat ... und du siehst was Walter gesehen hat ... und wenn du völlig in diese Position eingetaucht bist kannst du mir durch ein leichtes Nicken ein Zeichen geben. Du spürst was du spürst ... riechst was du riechst ... siehst was du siehst ... schmeckst was du schmeckst ... und hörst was du hörst ... und jeder Atemzug lässt deine Wahrnehmung klarer werden ... bis du alles ganz deutlich mit deinen Sinnen wahrnehmen kannst ... lass dir die notwendige Zeit ... lass es einfach geschehen ... jetzt oder erst in wenigen Augenblicken ..."

Nach der Anwendung dieser Tranceinduktion nach der 5-4-3-2-1 Methode[13], die es Leah erleichtern sollte die 2nd position einzunehmen, wartete ich nun einige Minuten, bis Leah mir durch das vereinbarte Nicken signalisierte, dass sie sich nun in der 2nd position befände. Während der gesamten Zeit – von Beginn der Tranceinduktion, bis zu Leahs bestätigendem Nicken – konnte ich deutliche Veränderungen bei ihr, insbesondere in ihrer Mimik, beobachten. Am Anfang machte sich nach und nach ein Ausdruck von Entspannung in ihren Zügen breit, der mit jeder Phase von tiefer werdender Entspannung zeugte, aber mit dem Übergang in die Situation im OP wich dieser Ausdruck langsam und Leahs Antlitz wurde von einer abwesend wirkenden Starre gezeichnet. Nachdem sich diese in gewisser Weise ausdruckslose, aber irgendwie auch unsicher wirkende Physiognomie gefestigt hatte, konnte ich plötzlich das Nicken erkennen.

„Wo bist du?"

„Ich bin im OP 2 und stehe am OP-Tisch."

„Was siehst du? Beschreibe mir die Situation, wie du sie mit deinen Sinnen wahrnimmst."

„Vor mir liegt ein Patient, Diagnose Nierensteine, es steht eine perkutane Nephrolitholapaxie an. Mir gegenüber steht Leah, eine der Assistenzärztinnen, sie soll die OP durchführen. Weiterhin anwesend ist das übliche OP-Team, Schwester Katja wird Leah heute unterstützen. Alles deutet auf einen normalen Tag im Krankenhaus hin, morgens einige OPs, Visite und Papierkram am Nachmittag."

---

[13] Vgl. *Grinder/Bandler*, Therapie, S. 54ff.

„Was passiert jetzt? Waren das wirklich alle Anwesenden?"

„Ich habe gerade mit Leah die letzten Details besprochen, wir wollen mit der OP beginnen. Leah bittet Katja gerade um ein 10er Skalpell für den Hautschnitt … oha ich sehe gerade, dass Dr. Obermüller, unser Chefarzt, den Beobachtungsraum betritt … was macht der denn heute hier? Normaler Weise kündigt der mir doch so etwas vorher an."

„Wie fühlst du dich? Wie wirkt sich das Erscheinen von Dr. Obermüller auf dich aus? Was bedeutet es dir?

„Ich habe irgendwie ein flaues Gefühl im Magen, es ist ungewöhnlich, dass er sich nicht vorher ankündigt. Wenn ich nur wüsste welchen Grund er hat. Mit Leah kann es eigentlich nicht zusammenhängen, sie ist eine wirklich Gute und irgendetwas Besonderes steht bei ihr zurzeit nicht an. Also kann er eigentlich nur wegen mir hier sein, hat er etwas davon erfahren, dass ich mich um eine neue Studie beworben habe? Ich hätte ihm das natürlich erzählen können, wollte aber abwarten ob ich zumindest durch die Vorauswahl komme. Vielleicht kennt er jemanden aus dem Auswahlgremium und hat davon erfahren … fühlt er sich jetzt übergangen … meine jährliche Beurteilung steht auch bald wieder an … ich darf keinen schlechten Eindruck erwecken … diese Situation gefällt mir überhaupt nicht … was mach ich jetzt am besten?"

Die geschilderte Unsicherheit Walters, die Leah jetzt in der 2nd position spürte, zeichnete sich auch deutlich auf ihren Zügen ab.

„Wie geht es jetzt weiter?"

„Leah hat inzwischen von Katja das 10er gereicht bekommen, sie will zum Schnitt ansetzen, sieht eigentlich alles sehr gut aus; ich würde bei der Statur des Patienten vielleicht minimal höher ansetzen, aber das ist schon in Ordnung, wie sie es macht. Dr. Obermüller will mir nicht aus dem Kopf … ich muss etwas tun … wenn ich hier nur passiv anwesend bin, gefällt ihm das bestimmt nicht … er will bestimmt etwas von mir sehen, etwas das von meiner fachlichen Kompetenz zeugt. Ich könnte eventuell doch etwas zu dem

Schnitt sagen … aber eigentlich ist das ja so okay … egal, ich muss etwas tun. Ich rufe „Stopp“ und sage Leah, dass der Schnitt zu tief angesetzt wäre, dann untermauere ich meine Aussage durch einige fachliche Ausführungen. Ich hoffe, dass ich Dr. Obermüller damit beeindrucken kann … ich schiele immer wieder zu ihm rüber, kann aber keine Regung bei ihm erkennen … kann ich noch etwas tun? Ich denke nicht, hoffentlich hat es funktioniert.“

„Okay, jetzt hast du deine Gefühlslage geschildert und immer wieder Dr. Obermüller miteinbezogen und seine Reaktionen geschildert. Wie verhält es sich aber mit Leah und auch Katja? Wie verhalten sie sich, welchen Eindruck vermitteln sie dir?“

„Oh, die habe ich irgendwie aus dem Blick verloren, ich war so auf Dr. Obermüller und seine Erwartungen fixiert. Leah scheint bei meinem „Stopp“ zu erstarren, sie schaut mich fragend an. Eigentlich darf mich das auch nicht wundern, denn sie hat keinen wirklichen Fehler gemacht. Wenn ich sie so betrachte, stelle ich fest, dass sich während meiner Ausführungen ihre Mine weiter verändert, die anfängliche von Überraschung geprägte Starre weicht einem Ausdruck von Enttäuschung, irgendwie scheint sie auch etwas traurig zu sein. Aber ja, ich hatte sie völlig ausgeblendet … auch Leah muss Dr. Obermüller bemerkt haben … daran habe ich nicht gedacht … sie muss sich bloßgestellt fühlen … sie macht alles richtig und ich werfe ihr vor dem Chef einen Fehler vor … das war nicht gut … und dann halte ich noch diesen Vortrag … so muss es doch auf sie wirken … da muss sie sich ja vorgeführt fühlen. Das ist gar nicht gut, was ich da gemacht habe … wenn das der Chef am Ende auch so wahrgenommen hat, dann hab ich genau das Gegenteil erreicht, von dem was ich eigentlich wollte. Nicht nur, dass ich Leah enttäuscht oder sogar verletzt habe, der Chef würde auch noch schlecht über mich denken. Wenn ich mir Katja ansehe … sie wirkt völlig perplex … muss die Wirkung meines Verhaltes tatsächlich negativ sein … vermutlich hab ich deswegen keinerlei Regung bei ihm erkennen können.“

„Wie fühlst du dich jetzt?"

„Schrecklich! Ich fühle eine große Leere in mir, eigentlich wollte ich mich in einem guten Licht zeigen, habe dabei aber eigennützig gehandelt, andere zumindest enttäuscht und am Ende vermutlich das Gegenteil erreicht und ein schlechtes Bild abgegeben. Ich wünschte ich könnte es ungeschehen machen."

„In Ordnung ich denke das ist jetzt genug. Ich möchte, dass du jetzt wieder aus dieser Situation zurückkommst ... dass du Walters Position wieder verlässt ... du lässt die Eindrücke und die negativen Gefühle zurück ... du bist wieder völlig entspannt ... lass dir dabei die nötige Zeit, um diese negativen Eindrücke endgültig verblassen zu lassen ... und dann, wenn sie verblasst sind ... es kann schon sehr bald oder auch erst in einigen Minuten soweit sein ... möchte ich dass du zehnmal tief einatmest ... und mit jedem Atemzug wird das angenehme Gefühl tiefer Entspannung weiter wachsen ... und mit jedem Atemzug kommst du wieder weiter zurück zu mir auf unsere Dahabeya ... und mit dem zehnten Atemzug wirst du wieder hier sein ... und du wirst ein Gefühl von tiefer Entspannung in dir haben."

Es dauerte in der Tat eine Weile, bis es Leah gelungen war die letztlich überwiegend negativen Eindrücke zu verarbeiten und loszulassen, aber nach knapp zehn Minuten konnte ich hören, wie ihr Atem etwas tiefer wurde und nach zehn Atemzügen war sie wieder völlig präsent.

„Wie fühlst du dich Leah?"

„Entspannt! Aber irgendwie auch ziemlich müde, das war schon anstrengend aber auch sehr beeindruckend. Ich bin schon überrascht, wie unangenehm die Situation für Walter war, als er meine Reaktion wahrgenommen hat. Er hat sich mir gegenüber zwar einen Tag später entschuldigt gehabt, aber das kam mir damals nicht wirklich ehrlich vor. Als ich dann von seiner Bewerbung um einen Forschungsauftrag erfahren hatte, war für mich klar, dass er sich vor dem Chef auf meine Kosten profilieren wollte. Damit war die Sache für mich klar und ich wollte auch nichts mehr von ihm zu diesem Thema hören. Aber jetzt muss ich sagen, dass das nicht das ganze Bild war. Er hätte mir das aber auch so sagen können, aber vielleicht hätte ich auch nur geduldiger zuhören müssen bei seiner Entschuldigung, aber dafür war ich zu verletzt."

Nachdem wir noch einige Zeit über Leahs Eindrücke gesprochen hatten wurde deutlich, dass sie diese neue Erfahrung ziemlich angestrengt hatte und Müdigkeit überkam sie. Daher entschieden wir uns für eine zweistündige Pause, in der ich die Geschehnisse am Ufer beobachtete, während Leah auf einer der Liegen auf dem vorderen Deck ein kleines Mittagsschläfchen unter der ägyptischen Nachmittagssonne hielt.

Damit hatten wir auch die 2nd position erfolgreich geübt und es verblieb nur noch die 4th position, für die ich allerdings keine größeren Schwierigkeiten mehr erwartete. Während der Wind die Dahabeya die letzten Kilometer stromaufwärts nach Assuan trieb, machte ich mir daher bereits die ersten Gedanken zum weiteren Vorgehen, um letztlich doch in der tiefen Entspannung zu versinken, die ich aus der Beobachtung der an mir vorbeiziehenden Natur gewinnen konnte.

Es waren etwas mehr als zwei Stunden vergangen, als Leah vom vorderen Deck zurückkam.

„Na du Schlafmütze, wieder fit?"

„Und wie! Hab ich aber wirklich gebraucht, das war schon ziemlich kräftezehrend, was wir vorhin gemacht haben. Aber jetzt können wir von mir aus weitermachen."

„Okay Leah, dann wollen wir mal die 4th position in Angriff nehmen und dann sollte es für heute auch wirklich reichen. Ahmet war vorhin da und hat gesagt, dass wir heute nach dem Abendessen noch einen Kaffee in der Stadt trinken gegen werden, da gäbe es ein tolles Café im Beduinenstil. Und dann müssen wir ja morgen früh ohnehin früh raus."

„Stimmt ja, morgen fliegen wir ja nach Abu Simbel und werden schon vor dem Frühstück abgeholt, dann lass uns mal anfangen, damit wir vor dem Abendessen fertig werden."

Abb. 9: Blick auf den 1. Katarakt bei Assuan mit dem Mausoleum des Aga Khan[14] im Hintergrund

Während wir also bereits unseren Liegeplatz ansteuerten und die Fahrt auf der Dahabeya damit ihr Ende nahm – wir blieben zwar noch zwei Tage an Bord und starteten von der Dahabeya aus zu Ausflügen, aber Assuan war der Endpunkt der Fahrt auf dem Nil – begannen wir mit der Übung zur 4th position.

[14] In ihm befindet sich das Grabmal des 1957 verstorbenen Sultan Mahommed Shah, dem Gründungsmitglied der indischen Muslimliga und als Aga Khan (Aga Khan III.) der 48. Imam der Ismailiten, das geistliche Oberhaupt dieser islamisch-schiitischen Glaubensgemeinschaft.

Die von Leah jetzt einzunehmende Position war doppelt dissoziiert, aus ihr heraus gilt es das gesamte System auf funktionales Passen zu prüfen, sie ist auch als Meta-Spiegel[15] bekannt.

Für den Anfang hatte ich mich dazu entschlossen, das System eher klein zu wählen, daher sollte Leah eine Position ähnlich der von Dr. Obermüller einnehmen und aus dieser das System „OP und deren Protagonisten" betrachten. In einem zweiten Schritt könnte dann ein größeres System gewählt werden, welches das gesamte Krankenhaus und somit auch Dr. Obermüller erfassen würde.

Nach einigen einführenden Erläuterungen bat ich Leah daher Position im Beobachtungsraum neben Dr. Obermüller zu beziehen.

„Leah versuche jetzt bitte eine Position einzunehmen, aus der du das System OP-Saal betrachten kannst, du könntest das Geschehen zum Beispiel aus dem Beobachtungsraum, in dem auch Dr. Obermüller steht, heraus beobachten."

„Aber ich soll mich nicht in Dr. Obermüller hineinfühlen?"

„Nein Leah, das wäre dann ja das Einnehmen der 2nd position von Dr. Obermüller. Grundsätzlich könnten wir das auch machen und wir hätten es auch bei Katja machen können, allerdings geht es uns im Moment nur darum, dir die vier Wahrnehmungspositionen vorzustellen, sollten wir später aber zu einer Situation mit mehreren Beteiligten kommen, arbeiten wir natürlich für jeden von ihnen mit der 2nd position. Wenn du möchtest können wir das später auch noch einmal mit der OP-Szene machen, dass würde dann mit Sicherheit noch einmal zusätzliche Aspekte aufwerfen oder aber du versuchst es erst einmal selbst und wenn du Probleme dabei hast probieren wir es wieder zusammen."

---

[15] Vgl. *Dilts*, Veränderung, S. 200ff.

„Okay Michael, dann probiere ich das später einmal alleine aus und jetzt beobachte ich einfach aus dem Beobachtungsraum heraus was am Tisch passiert."

„Gut, dann beschreibe mir doch bitte, was du siehst. Was passiert gerade?"

„Ich sehe den OP-Saal und auf dem Tisch liegt ein narkotisierter Patient. Es sind mehrere Ärzte und Schwestern anwesend und Dr. Obermüller betritt gerade den Beobachtungsraum. Leah hat sich gerade von Schwester Katja ein Skalpell geben lassen und setzt zum Schnitt an, als Oberarzt Walter „Stopp" ruft. Leah schreckt auf und hält mit dem Schnitt inne, dann sagt Walter der Schnitt wäre zu tief angesetzt worden und beginnt dann mit einem Vortrag zu dem Thema."

„In Ordnung, nachdem wir jetzt die grundsätzliche Handlung gesehen haben, bitte ich dich darum mir die Reaktionen der einzelnen Beteiligten zu schildern. Wie verändern sich Mimik und Gestik von Leah, Walter und Katja? Konzentriere dich bitte auf diese Veränderungen und beschreibe mir, wie sie auf dich wirken, wie sich ihre Gefühlslage zu verändern scheint."

„Dann fang ich mal mit Leah an. Sie wirkt zu Beginn leicht angespannt ... nein, wenn ich genau überlege ist das eher ein Ausdruck von Konzentration keine richtige Anspannung. In dem Moment, in dem Walter „Stopp" ruft, schreckt sie auf, sie wird deutlich blasser und scheint irritiert. Sie wirkt erstaunt und zeigt einen starren Gesichtsausdruck, als Walter seine Kritik anbringt, mit Beginn seines Vortrags senken sich ihre Mundwinkel zusehends, sie wirkt zunächst enttäuscht, dann bald traurig mit einem Hauch von Wut. Ich habe den Eindruck, dass sie sich von Walter vorgeführt fühlt, auch Leah hatte Dr. Obermüller bemerkt und musste dann die damit einhergehende Veränderung in Walters Verhalten erfahren. Sie scheint sich im Unklaren über Walters Motive zu sein und ist überzeugt davon, keinen Fehler gemacht zu haben, daher kommen in ihr Gefühle von Enttäuschung und Wut auf, der schlechte Eindruck den Dr. Obermüller jetzt eventuell von ihr hat, lässt sie auch etwas traurig werden."

„Okay, wie ist es mit Walter und Katja?"

„Walter wirkt zunächst entspannt, als Leah zum Schnitt ansetzt und Dr. Obermüller den Beobachtungsraum betritt, kann ich einige schnelle Veränderungen erkennen. Zuerst wird sein Blick kurz prüfend, entspannt sich dann aber wieder; als er Dr. Obermüller erfasst, zeichnet sich Überraschung und so etwas wie Ratlosigkeit auf seiner Mine ab. Nach seinem Rufen und mit Beginn des Vortrags wirkt er einerseits selbstsicher, aber auch irgendwie abwesend, anderseits tauchen, nachdem er Leahs Reaktion wahrgenommen hat, kurzzeitig Anzeichen von Unsicherheit auf. Einmal könnte es sein, dass sein Blick ganz kurz so etwas wie Reue ausdrücken will, aber das scheint er schnell wieder zu verdrängen und diese teilnahmslose Professionalität dominiert wieder seine Mimik. Das macht alles in allem auf mich den Eindruck, dass er auf das Erscheinen von Dr. Obermüller nahezu panisch reagiert hat, ohne großartig darüber nachzudenken, was er damit auslösen kann. Als ihm die negativen Auswirkungen auf Leah bewusst werden, scheint er zu realisieren, dass seine Entscheidung eventuell falsch war, aber er sieht keine Option und fährt daher fort. Katja wirkt zunächst einfach konzentriert, als Walter plötzlich „Stopp" ruft, wirkt sie überrascht und in der Folge verwirrt und irgendwie starr. Sie scheint das Vorgefallene nicht richtig einordnen zu können und sieht auch keine Option in irgendeiner Weise eingreifen zu können, daher verharrt sie einfach und lässt alles weitere geschehen."

„Gut, dann sage mir noch etwas zu dem beobachteten System, kann es als funktionell passend bezeichnet werden oder wirkt es eher fehlerhaft auf dich?"

„Das System ist krank. Die Beziehung zwischen Leah und Walter ist extrem gestört, wobei aber auch äußere Einflüsse bestehen müssen; insbesondere das Erscheinen von Dr. Obermüller im Beobachtungsraum scheint hier einiges im Inneren der beiden ausgelöst zu haben, was aber nicht offen kommuniziert wird, sondern sich vielmehr in den plötzlichen Veränderungen im Verhalten bzw. in Mimik und Gestik ausdrückt."

„Alles klar, dann komm jetzt bitte wieder zurück und verlasse die 4th position."

Nachdem Leah die 4th position verlassen und zwei Runden über das Deck gedreht hatte, um sich wieder frei zu machen, setzen wir uns kurz zusammen und unterhielten uns über ihre Eindrücke aus der 4th position. Danach erweiterten wir das beobachtete System auf das gesamte Krankenhaus und bezogen so Dr. Obermüller mit ein. Hierbei gab es in Bezug auf Leah, Walter und Katja keine wirklich neuen Erkenntnisse, es wurde lediglich klarer, dass für Leah und Walter die Anwesenheit von Dr. Obermüller von großer Bedeutung war. Erwähnt werden sollen daher lediglich kurz die Beobachtungen zu Dr. Obermüller.

„Dann bleibt uns noch Dr. Obermüller. Welche Beobachtungen machst du bei ihm?"

„Er wirkt beim Betreten des Beobachtungsraums ruhig und entspannt, er positioniert sich am Fenster und beobachtet die Geschehnisse im OP aufmerksam. Sobald Walter einschreitet und seinen Vortrag beginnt, zieht er kurz die rechte Augenbraue hoch, setzt dann aber wieder umgehend den gleichen Gesichtsausdruck auf wie zuvor. Emotionen zeichnen sich nicht sichtbar bei ihm ab, es ist schwierig bei ihm Rückschlüsse auf innere Vorgänge zu schließen, lediglich das kurze Hochziehen der Augenbraue ist zu erkennen. Ich denke ihm hat das Einschreiten von Walter nicht gefallen, zumindest wird es ihn aber überrascht haben. Mehr kann ich nicht erkennen."

„Also gut, dann verlasse jetzt bitte diese Position und komm wieder zu mir zurück."

Nachdem Leah abermals einen kurzen Ablenkungsspaziergang gemacht hatte, besprachen wir noch einmal ihre neu gewonnenen Einsichten, bevor wir uns für das Abendessen vorbereiten mussten.

Damit hatten wir nun die notwendigen Vorübungen abgeschlossen und ich hatte Leah erfolgreich dazu befähigt, während der folgenden Schritte ganz allgemein zwischen assoziierter und dissoziierter Wahrnehmung und im speziellen auch zwischen den vier Wahrnehmungspositionen zu wechseln. Während des Abendessens und dem anschließenden Besuch in einem beduinischen Café plauderten wir noch ein bisschen über die bisherigen Ereignisse, aber vor allem auch über den für den nächsten Tag anstehenden Ausflug nach Abu Simbel. Auf dem Rückweg zur Dahabeya beschlossen wir nach der Rückkehr aus Abu Simbel mit dem nächsten Schritt zu beginnen.

ii. Überprüfung des Problemverständnisses

Ich wollte nun überprüfen, ob Leahs Problem tatsächlich so gelagert war, wie ich es nunmehr verstanden hatte.

An diesem Morgen waren wir bereits kurz nach vier Uhr zum Flughafen Assuan aufgebrochen, um nach Abu Simbel zu fliegen; alles war minutengenau geplant und exzellent durchorganisiert, nachdem wir vor Ort knapp neunzig Minuten Zeit für die Besichtigung hatten, saßen wir bereits um kurz vor elf Uhr wieder im Flugzeug auf dem Rückweg nach Assuan. Ich nutzte den Rückflug dazu mir noch einmal mein eigenes Verständnis[16] von Leahs Problem vor Augen zu halten und mir Gedanken über den nächsten Schritt zu machen.

[16] „Nach meinem Verständnis hatte Leah Probleme beim Erstellen ihrer Dissertation, diese beruhten nach meiner Einschätzung jedoch nicht auf einer Interferenz im Zusammenhang mit diesem Ziel, sondern vielmehr darauf, dass Leah zum einen nicht genügend Energie aufbringen konnte und sie zum anderen – bedingt durch den Umfang der Aufgabe – mit dem Beginnen überfordert war.“, vgl. auch Abschnitt B.IV.i.

Abb. 10: Die Tempel von Abu Simbel[17], aufgenommen beim Landeanflug

Der entscheidende Punkt, den es nach meiner Einschätzung zu überprüfen galt, war das Nichtvorliegen einer Interferenz. Sollte ich mich an dieser Stelle getäuscht haben, müsste ich bei der Lösung des Problems einen gänzlich anderen Pfad beschreiten, als ich es mir zu diesem Zeitpunkt überlegt hatte.

---

[17] Die Tempel von Abu Simbel sind zwei Felsentempel am Westufer des Nassersees. Sie befinden sich im ägyptischen Teil Nubiens am südöstlichen Rand des Ortes Abu Simbel und wurden im 13. Jahrhundert v. Chr. unter Pharao Ramses II. aus der 19. Dynastie des altägyptischen Neuen Reiches errichtet.
Die Felsentempel von Abu Simbel, der große Tempel zum Ruhm Ramses II. und der kleine Hathor-Tempel zur Erinnerung an Nefertari, dessen „Großer königlicher Gemahlin", stehen seit 1979 auf der Weltkulturerbeliste der UNESCO. Beide Tempel befinden sich nicht mehr an ihrem ursprünglichen Standort. Um sie vor dem ansteigenden Wasser des Nassersees, des durch den Assuan-Staudamm aufgestauten Stausees des Nil, zu retten, wurden sie in den Jahren 1963 bis 1968 abgetragen und 64 Meter höher auf der Hochebene von Abu Simbel wieder aufgebaut. Dort erheben sie sich heute auf einer Insel im Nassersee, die an der Nordwestseite durch einen befahrbaren Damm mit dem Ort Abu Simbel verbunden ist.

Es galt nun also zunächst das Ziel „Fertigstellung der Dissertation“ exakt zu formulieren, es anschließend auf eine Interferenz zu prüfen, um dann – sofern keine Interferenz vorliegen sollte – die Ursachen für Leahs Untätigkeit bezüglich der Zielerreichung zu benennen. Sollte hingegen eine Interferenz vorliegen, müsste deren Ursache ergründet werden, um sie dann mit dem geeigneten Format bearbeiten zu können.

1. Formulierung des Ziels

Da der Ausflug nach Abu Simbel anstrengender gewesen war als erwartet, hatten wir uns dazu entschlossen nach dem Mittagessen zunächst eine kleine Ruhephase einzulegen, so dass wir uns etwas später, als ursprünglich geplant an den nächsten Schritt machten.
Es galt nun Leahs Ziel konkret zu formulieren, um es im nächsten Schritt auf das Vorliegen einer Interferenz überprüfen zu können. Zur Zielformulierung bei Veränderungsprozessen eignet sich das SPEZI-Modell[18] (das auch aus dem Projektmanagement oder aus Zielvereinbarungen bekannte SMART-Modell[19] hingegen ist hier weniger geeignet, da es zu sehr auf das Ziel konzentriert ist und daher wichtige Aspekte im Zusammenhang mit dem Coachee ausblendet) oder das SMART-SPEZI-Modell[20], welches im Rahmen des SPEZI-Modells aus dem SMART-Modell eingeflossene Akzente nochmals ausdrücklich betont.
Nachdem ich Leah SMART-SPEZI vorgestellt hatte, bat ich sie darum ihr Ziel „Fertigstellung meiner Dissertation“ nun unter der Berücksichtigung der SMART-SPEZI-Kriterien auszuformulieren.

---

[18] Vgl. Anhang J.
[19] Vgl. Anhang I.
[20] Vgl. Anhang K.

Die Zielformulierung nach den SMART-SPEZI-Kriterien:

- soll das sinnlich konkrete Erleben des bereits erreichten Zieles ausdrücken
    - soll eindeutig definiert sein
    - soll Messbarkeitskriterien enthalten
    - soll mit einem Zeitpunkt versehen sein
- soll positiv formuliert sein
- soll ein eigenständig erreichbares Ziel darstellen
    - soll ausführbar sein
    - soll realistisch sein
- soll auf eventuelle negative Auswirkungen oder Seiteneffekte überprüft sein
    - soll die Attraktivität des Ziels berücksichtigen
    - soll die Relevanz des Ziels berücksichtigen
- soll positive Aspekte der Ausgangssituation (des Ausgangsverhaltens) bewahren

Nachdem ich Leah mit diesem Kriterienkatalog ausgerüstet hatte, ließ ich sie einige Zeit allein und vertiefte mich selbst in den ägyptischen Roman „Der Jakubijân-Bau" von Ala al-Aswani[21], den ich mir am Flughafen gekauft hatte. Es dauerte eine knappe Stunde, bis Leah zu mir auf das Vorderdeck kam und mir ihren ersten Versuch präsentierte. Im Ergebnis war dieser erste Ansatz schon ziemlich gut, Probleme bereiteten ihr jedoch die Prüfung auf negative Seiteneffekte und das Bewahren positiver Aspekte ihrer aktuellen Situation. Daher unterhielten wir uns intensiver über diese beiden Kriterien und ich gab

[21] Ala al-Aswani ist ein bekannter ägyptischer Schriftsteller und Zahnarzt.

Leah einige Hinweise zu ihnen. So könnten negative Seiteneffekte zum Beispiel dadurch entstehen, dass Leah ihr Zeitmanagement verändern müsste, um Zeit für die Erstellung der Dissertation zu gewinnen, was natürlich zu Lasten anderer Aktivitäten (Beruf, Freizeit, Sport etc.) gehen würde. Es wäre daher sinnvoll im Ziel ein Limit für die aufgewendete Zeit zu integrieren, um zu verhindern, dass die Dissertation später zu viel Zeit aufzehrt. Auch das Erhalten positiver Aspekte konnte ich mit einem gleichgelagerten Beispiel erklären: Leah hat aktuell nicht genügend Zeit für das Erstellen ihrer Dissertation. Warum ist das so? Weil Leah zum Beispiel gerne Sport treibt um fit zu sein und weil Leah gerne mit Freundinnen ins Kino geht um Spaß zu haben. Fitness und Spaß wirken sich auf Leah positiv aus und sollten daher erhalten bleiben. Bei der Zielformulierung ist also zu beachten, dass beides nicht zu stark eingeschränkt wird.

Leah nahm sich im Anschluss noch einmal eine gute Viertelstunde Zeit, um ihre Zielformulierung entsprechend zu überarbeiten. Im Anschluss hatte sie aus dem Ziel „Fertigstellung der Dissertation“ das folgende, den SMART-SPEZI-Kriterien genügende Ziel formuliert:

„Bis Weihnachten 2011 habe ich meine Dissertation fertiggestellt und dem Promotionsausschuss vorgelegt, dafür habe ich mir jedes Wochenende fünf Stunden Zeit genommen und daneben habe ich weiterhin dreimal die Woche Sport getrieben und mich zweimal im Monat mit meinen Freundinnen zum Kinobesuch getroffen.“

2. Prüfen des Ziels auf eine Interferenz

Nachdem Leah nun ihren Zielsatz formuliert hatte, wurde es Zeit diesen Zielsatz auf das Vorliegen einer Interferenz zu prüfen.

Hierzu sollte Leah sich nun in die mit ihrem Zielsatz beschriebene Situation assoziieren und anschließend den Zielsatz laut sprechen, sollte eine Interferenz bei diesem Ziel vorliegen, würde sie sich körperlich bemerkbar machen.

„Leah ich möchte, dass du dir dich jetzt an Weihnachten 2011 vorstellst, wenn du dein Ziel erreicht hast, wenn du deinen Zielsatz exakt und erfolgreich umgesetzt hast."

„Okay, ich sehe mich."

„Dann steige jetzt bitte in Leah an Weihnachten 2011 hinein, assoziiere dich in diese Situation ... und du spürst was du spüren wirst ... schmeckst was du schmecken wirst ... riechst was du riechst ... du hörst was du hörst ... und die siehst was du siehst ... nimm es mit allen Sinnen wahr und verweile einige Zeit dort."

Während die Sinne hochgefahren wurden, konnte ich deutliche Reaktionen bei Leah beobachten und insgesamt wirkte sie deutlich entspannter, nachdem sie vollständig in die Zielsituation assoziiert war.

„Gut Leah, wie fühlst du dich jetzt?"

„Ich fühle mich sehr gut, ich bin zufrieden. Alles ist ganz wunderbar."

„Fühlt es sich eher warm oder kalt an? Ist es eher hell oder dunkel? Ist es dort eher laut oder leise?"

„Es ist angenehm warm hier, ein angenehmes helles Licht scheint auf mich und ich höre ein sanftes Rauschen. Es ist alles sehr schön."

„Das ist sehr schön Leah, dass es dir gefällt. Ich möchte, dass du jetzt deinen Zielsatz laut vor dich her sprichst und dabei auf die Reaktionen deines Körpers achtest."

„Bis Weihnachten 2011 habe ich meine Dissertation fertiggestellt und dem Promotionsausschuss vorgelegt, dafür habe ich mir jedes Wochenende fünf Stunden Zeit genommen und daneben habe ich weiterhin dreimal die Woche Sport getrieben und mich zweimal im Monat mit meinen Freundinnen zum Kinobesuch getroffen."

„Leah, hast etwas gespürt? Vielleicht ein Ziehen oder Stechen irgendwo oder ein flaues Gefühl? Wie fühlt es sich an, wenn du den Zielsatz sprichst."
„Das fühlt sich sehr sehr gut an, wirklich. Ein Ziehen oder so etwas hab ich nicht wahrgenommen."
Offensichtlich lag also keine Interferenz in Bezug auf Leahs Ziel vor, womit sich meine Erwartung bestätigte. Zur Sicherheit bat ich Leah darum, den Zielsatz noch einige Male zu sprechen, wobei sich jedoch weiterhin keine Interferenz bemerkbar machte. Ganz im Gegenteil ließ sich beobachten, wie sich Leahs Überzeugung von diesem Ziel und die positive Wahrnehmung der Zielsituation noch verstärkten. Ich bat Leah daher darum, die Situation noch einen Moment zu genießen, um sie dann zu verlassen und dabei die positiven Gefühle zu bewahren[22], da diese für die folgenden Schritte noch eine wertvolle Ressource sein würden.

Somit war auch die Prüfung des Zielsatzes auf das Vorliegen einer Interferenz erfolgreich und mit dem von mir erwarteten Ergebnis abgeschlossen worden. Da es nun auch langsam Zeit für Kekse und den Nachmittagstee geworden war, begaben wir uns hierzu auf das Vorderdeck, um uns für den nächsten Schritt zu stärken.

3. Ursachen für die Untätigkeit

Nachdem wir zwei Tassen des guten Tees getrunken hatten, galt es noch die Ursachen dafür zu ergründen, dass Leah dieses Ziel bisher nicht in Angriff genommen hatte.

---

[22] Zum Vorgehen vergleiche Abschnitt B.IV.i.1.

Mein Verdacht hierzu ging, wie bereits nach der ersten Schilderung des Problems durch Leah[23], in zwei Richtungen:

- Leah konnte neben ihren anderen Aktivitäten und insbesondere neben ihrer beruflichen Belastung nicht mehr genügend Energie aufbringen um an ihrer Dissertation zu arbeiten.
- Leah war durch den Beginn überfordert, da ihr die Aufgabe „Erstellung einer Dissertation" zu groß erschien.

Um diesen Verdacht zu bestätigen führte ich ein längeres Gespräch mit Leah und es kristallisierte sich heraus, dass es in der Tat diese beiden Themenkomplexe waren, die auf Leah lasteten, während weitere Faktoren nicht in Erscheinung traten. Damit war noch vor dem Abendessen auch dieser Teil der Arbeit und damit auch die Überprüfung des Problemverständnisses abgeschlossen. Nachdem wir gemeinsam mit den anderen aus der Gruppe den nubischen Eintopf und als Dessert „Om Ali"[24] genossen hatten, ging Leah nochmals an Deck um mit Samira die Sterne zu beobachten, während ich mich in meine Kabine zurückzog, um mich mit der Auswahl eines geeigneten Coachingformats für Leah zu beschäftigen.

---

[23] Vgl. Abschnitt B.III.

[24] Om Ali (arabisch أم علي, Alis Mutter) ist eine besonders in Ägypten und auf der Arabischen Halbinsel beliebte Süßspeise. In Ägypten erzählt man dazu die Geschichte, dass das Gericht von Umm Ali erfunden wurde, um ihren Sieg über eine Nebenbuhlerin zu feiern. Gebäck (Brot, Plunderteig oder Blätterteig) wird in kleine Stücke zerteilt und mit Pistazien, Kokosnussflocken, Rosinen und reichlich Zucker vermengt. Anschließend wird alles in eine Form gegeben und Milch darüber gegossen. Zum Abschluss wird das Gemisch mit Zimt bestreut. Schließlich wird die Masse solange im Ofen gebacken, bis die Oberfläche goldbraun gefärbt ist.

iii. Auswahl oder Konstruktion eines Formats zur Bearbeitung des Problems

Bei der Auswahl eines geeigneten Formats zur Bearbeitung kann man sich wunderbar am „Modell der Interventionen“[25] orientieren.

In Leahs Fall hatte die Prüfung des Zielsatzes auf das Vorliegen einer Interferenz ergeben, dass eine solche nicht vorlag, trotzdem hatte Leah ihr Vorhaben in der Vergangenheit nicht in Angriff genommen. Weiterhin hatte sich gezeigt, dass das Ziel für Leah attraktiv war und sie auch über ausreichende Fähigkeiten zur Zielerreichung verfügte, sie fühlte sich allerdings vom Beginnen überfordert und konnte nicht genügend Energie aufbringen.

Damit bot sich mir im „Modell der Interventionen“ das in Abb. 11 dargestellte Bild.

Somit hatte ich zwei Ursachen und zwei dazu passende Formate identifiziert:

- Beginnen überfordert ⇨ Chaining[26]
- Zu wenig Energie ⇨ Moment of Excellence (MoE)[27]

Ich überlegte mir nun auf Basis dieser beiden Formate ein kombiniertes Format für die weitere Arbeit mit Leah zu erarbeiten.

Mir war aufgefallen, dass Leah mehrfach erwähnt hatte, dass ihr die Aufgabe „Erstellung der Dissertation“ zu groß vorkam, es schien mir daher angebracht, diese „zu“ große Aufgabe in kleinere Aufgaben aufzuteilen.

---

[25] Siehe Anhang D.

[26] Das Format „Chaining“ wird in Anhang F erläutert.

[27] Das Format „Moment of Excellence“ wird in Anhang G vorgestellt.

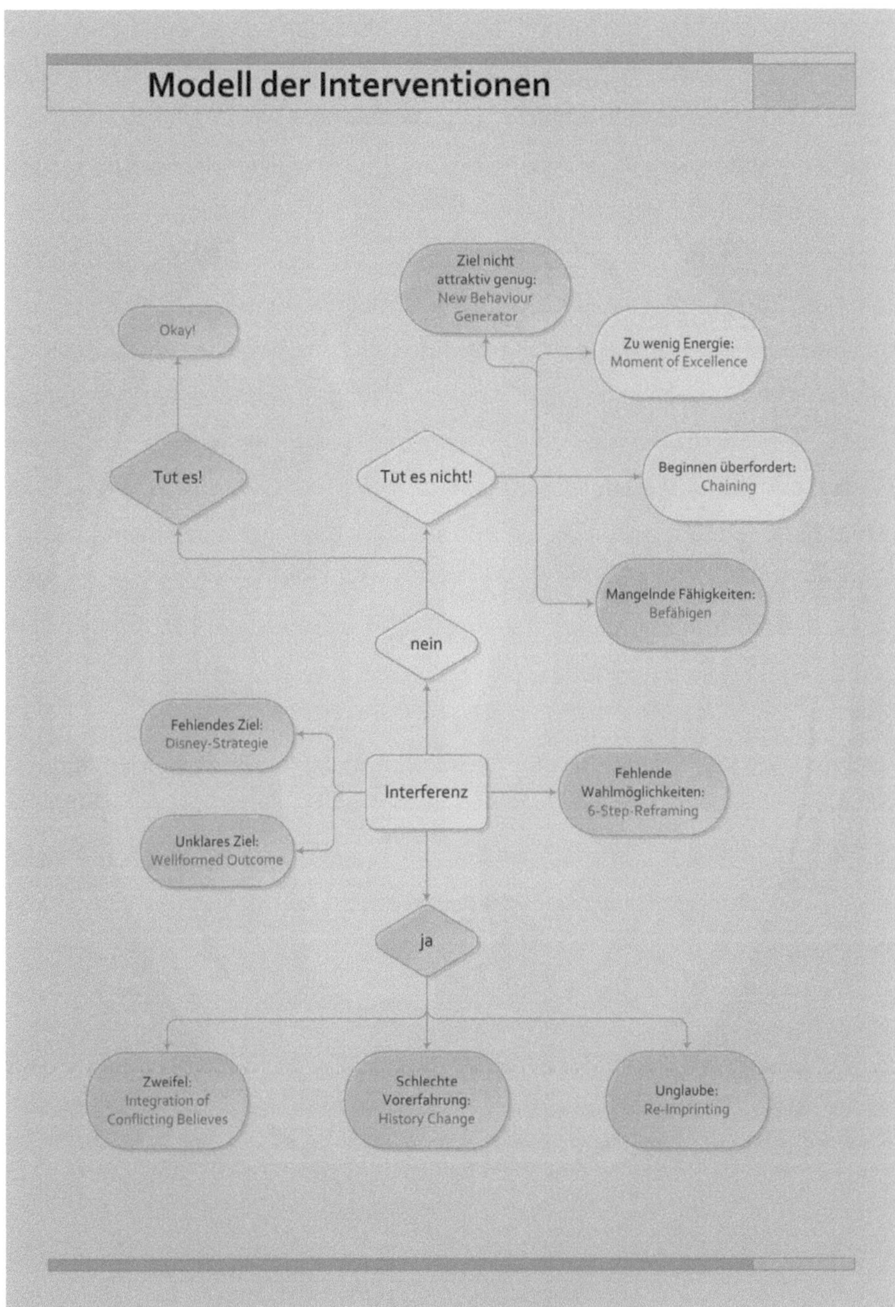

Abb. 11: Modell der Interventionen, Leahs Fall ist hervorgehoben

Diese Technik ist als „Chunking“[28] bekannt, leitet man aus einem Ziel (Chunk) einzelne Teilziele ab, so spricht man von „chunking down“. In einem ersten Schritt würde ich also zusammen mit Leah Teilziele bilden, welche ich dann in einem zweiten Schritt, in Anlehnung an das „Chaining“, in einer logischen Kette anordnen würde. Leah könnte dann die Teilziele, bei denen sie das Beginnen nicht mehr überfordern würde, nacheinander abarbeiten und würde somit am Ende auch das Gesamtziel erreicht haben.
Um Leah zudem noch ausreichende Energie zum Erreichen ihres Ziels zu geben, entschloss ich mich dazu, mit Leah für jedes Teilziel einen „Moment of Excellence“ durchzuführen, um ihr für jedes Teilziel genau die passenden Ressourcen zur Verfügung zu stellen.
Damit hatte ich für Leahs Fall ein Format konstruiert, welches Elemente des „Chunking“, des „Chaining“ und des „Moment of Excellence“ enthielt. In Abb. 12 ist dieses Format grafisch dargestellt und die einzelnen Schritte werden dort chronologisch beschrieben.

Nachdem ich das Format für den nächsten Abschnitt der Arbeit mit Leah fertiggestellt hatte, lass ich noch ein bisschen über Kairo und die Pyramiden in meinem Reiseführer, denn am nächsten Tag würde die Reise nach einigen abschließenden Besichtigungen in Assuan mit dem Flugzeug nach Kairo weitergehen.

[28] Die Technik des „Chunking“ ist in Anhang E dargestellt.

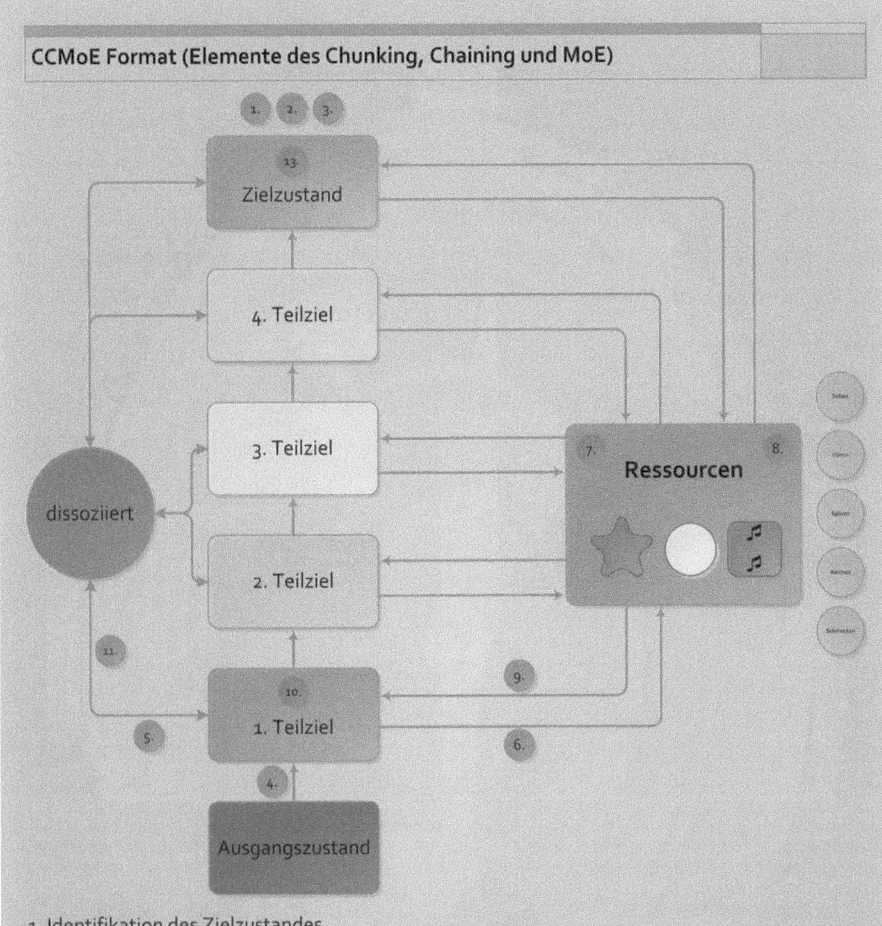

1. Identifikation des Zielzustandes
2. Chunking down – Bildung von Teilzielen
3. Bildung einer Kette aus den Teilzielen auf dem Weg zum Zielzustand (vgl. Chaining)
4. Assoziation in die Situation mit dem 1. Teilziel
5. Dissoziation und Identifikation hilfreicher Ressourcen zur Erreichung des Teilziels
6. Identifikation passender Ressourcensituationen
7. Assoziation in die Ressourcensituationen
8. Bestimmen von Symbolen die für die Ressourcen stehen
9. Transfer der Ressourcen (Übergabe der Symbole) in die Situation mit dem 1. Teilziel
10. Assoziation in die Situation mit dem 1. Teilziel und Aufnahme der Ressource
11. Dissoziation und Überprüfung des Ergebnisses für das 1. Teilziel
12. Wiederholen der Schritte 4. – 11. für alle weiteren Teilziele und ggf. für die Zielsituation
13. Überprüfung des Gesamtergebnisses – ggf. Einbringen zusätzlicher Ressourcen

Abb. 12: Eingesetztes Format CCMoE (Chunking, Chaining und Moment of Excellence Elemente)

iv. Anwendung des Formats und Erfolgskontrolle

Am nächsten Morgen hieß es Packen für den Weiterflug und schweren Herzens mussten wir Abschied von der Dahabeya und von Kapitän Ramadan und seiner Crew nehmen. Vor der Fahrt zum Flughafen standen noch die Besichtigung des großen Assuân-Staudamms[29], der Granitsteinbrüche[30] und des unvollendeten Obelisken[31], sowie eine Motorbootfahrt zur Insel Agilkia und die Besichtigung des Philae-Tempels an. Gegen Mittag ging es dann zum Flughafen und nach einer guten Stunde Flug und knapp zwei Stunden abenteuerlicher Fahrt durch Kairo kamen wir letztlich wohlbehalten in unserem Hotel nahe der Pyramiden an. Da für den weiteren Tag kein Programm mehr geplant war, verabredete ich mich mit Leah an der Poolbar, um den verbleibenden Tag für die Definition der Teilziele, dass „chunking down" zu nutzen.

[29] Der Assuan-Staudamm (auch als Assuan-Hochdamm bekannt), genannt Sadd el-Ali (arabisch السد العالي, „Hochdamm"), befindet sich im südlichen Ägypten (Oberägypten) etwa 13 Kilometer südlich bzw. stromaufwärts der Stadt Assuan und staut den Nil zum riesigen Nassersee auf, der sich bis in den Sudan erstreckt, wo er Nubia-See heißt. Der Stausee hat eine Kapazität von 135 bis 169 Kubikkilometer Wasser.

[30] Als Rosengranit oder auch Assuan-Granit wird ein roséfarbener bis roter Granit aus Ägypten bezeichnet, der durch seine umfangreiche Anwendung in pharaonischer und römischer Epoche große Bekanntheit erlangt hat. Die Ptolemäer nannten ihn λίθος πυρροποικίλλω *lithos pyrrhopoikilos* und die Römer *lapis Syenites* oder *lapis* bzw. *marmor Thebaicus*.

[31] Der unvollendete Obelisk in der oberägyptischen Stadt Assuan ist ein nicht fertiggestellter Obelisk aus Rosengranit. Er befindet sich in einer Grube im nördlichen Bereich der altägyptischen Steinbrüche in und um Assuan, etwa einen Kilometer südöstlich des Nils. Mit einer Höhe von 41,75 Metern auf einer Basis von 4,2 × 4,2 Metern sowie einem Gewicht von etwa 1168 Tonnen wäre er bei Fertigstellung der größte Obelisk des Altertums gewesen.

Abb. 13: Blick auf den Trajan-Kiosk[32], der zu den Tempelanlagen von Philae gehört, die heute auf der Insel Agilkia stehen[33]

1. Bildung der Teilziele „chunking down"

Wir holten uns also von der Bar etwas zu trinken und setzen uns an einen etwas abseits stehenden Tisch, an dem wir uns ungestört mit der Bildung der Teilziele beschäftigen konnten.

---

[32] Der Trajan-Kiosk ist mit 15,4 x 20,7 Meter bei einer Höhe von 15,45 Meter der größte erhaltene freistehende Kiosk Ägyptens. Auf Grund zweier Reliefs, die Kaiser Trajan als opfernden Pharao vor den Göttern Isis, Osiris und Horus als Kind zeigen, wurde das Bauwerk meist diesem Kaiser zugeschrieben. Der Trajan-Kiosk wurde jedoch schon unter Kaiser Augustus erbaut und später durch Trajan wiedererrichtet.

[33] Als Tempel von Philae (auch Hut-chenti, Haus des Anfangs) bezeichnet man einen Tempelkomplex in Oberägypten, etwa acht Kilometer südlich von Assuan. Die Tempelanlagen stehen auf der Insel Agilkia, nachdem sie 1977 bis 1980 am eigentlichen Standort, der heute überfluteten Insel Philae, abgebaut und etwa 600 Meter nordwestlich auf dem höheren Gelände von Agilkia neu errichtet wurden.

Nachdem ich Leah erklärt hatte, dass es nun darum ging das Gesamtziel in Teilziele aufzubrechen, die in sich logisch wären und sowohl einzeln als auch nacheinander von ihr abgearbeitet werden könnten, ließ ich sie einige Zeit zum Nachdenken darüber allein und machte selbst einen Spaziergang durch den Hotelpark.

Bei meiner Rückkehr hatte sich Leah einige Notizen auf einer Servierte gemacht und wir begannen über die einzelnen Teilziele zu diskutieren. Leah hatte zunächst acht Teilziele formuliert, von denen jeweils zwei allerdings für sich allein nicht sinnvoll zu bearbeiten waren, sie waren zu eng miteinander verflochten, weswegen wir sie zu je einem Teilziel zusammenfassten.

Die verbliebenen sechs Teilziele grenzten wir dann noch genauer voneinander ab und versuchten sie möglichst präzise zu formulieren, danach lag uns eine Liste mit den folgenden sechs Teilzielen vor:

- Abgleich der bereits vorhandenen Arbeit mit dem aktuellen Stand der Forschung und entsprechende Überarbeitung des Konzepts
- Kontaktaufnahme zum Betreuer der Dissertation und Besprechung des überarbeiteten Konzepts, sowie Klärung der weiteren Formalitäten
- Heraussuchen der bereits zwischen 2005 und 2007 erstellten Unterlagen, die sich noch in einem Umzugskarton befinden
- Abgabe der Dissertation bei einem Lektor, gefolgt vom Druck und der Abgabe beim Promotionsausschuss
- Aufbereitung der vorhandenen Daten, ggf. Erhebung ergänzender Daten und Einbindung der Daten in das neue Forschungskonzept
- Ausformulierung der Dissertation und Fertigstellung des finalen Layouts

2. Anordnen der Teilziele

Im nächsten Schritt ging es nun darum die erarbeiteten Teilziele in einer logischen Struktur aufzureihen, die es Leah erlauben würde, ein Teilziel nach dem anderen zu bearbeiten. Dieser Schritt gestaltete sich nicht sonderlich kompliziert, so dass wir bereits nach wenigen Minuten die Teilziele in die folgende Reihenfolge gebracht hatten:

- Heraussuchen der bereits zwischen 2005 und 2007 erstellten Unterlagen, die sich noch in einem Umzugskarton befinden
- Abgleich der bereits vorhandenen Arbeit mit dem aktuellen Stand der Forschung und entsprechende Überarbeitung des Konzepts
- Kontaktaufnahme zum Betreuer der Dissertation und Besprechung des überarbeiteten Konzepts, sowie Klärung der weiteren Formalitäten
- Aufbereitung der vorhandenen Daten, ggf. Erhebung ergänzender Daten und Einbindung der Daten in das neue Forschungskonzept
- Ausformulierung der Dissertation und Fertigstellung des finalen Layouts
- Abgabe der Dissertation bei einem Lektor, gefolgt vom Druck und der Abgabe beim Promotionsausschuss

Diese Reihenfolge schien uns logisch und chronologisch sinnvoll und wir beschlossen daher am nächsten Tag auf dieser Basis fortzufahren, sobald es unser Besichtigungsprogramm zulassen würde.

3. Bearbeitung des ersten Teilziels

Am Vormittag des nächsten Tages stand zunächst die kurze Fahrt zum Pyramidenplateau von Gizeh auf dem Programm.

Nachdem wir eine gute Stunde Zeit damit verbracht hatten, die Pyramiden aus der Nähe zu bestaunen, fuhren wir kurz zu einem Panorama-

Aussichtspunkt, bevor es im Anschluss zur Besichtigung der großen Sphinx und des Taltempels ging. Nach einer kurzen Pause in einem Café folgte die Weiterfahrt nach Memphis[34] und später nach Sakkara[35], wo wir die bekannte Stufenpyramide des Pharao Djoser[36] besichtigen konnten. Es folgten noch Besichtigungen in einigen der „Gräber der Edlen“[37] und der Abstieg in die Kammern der Teti-Pyramide[38], bevor es zum Mittagessen in ein landestypisches Ausflugsrestaurant ging.

Nachdem wir uns dort mit allerlei Köstlichkeiten gestärkt hatten, fuhren wir zurück ins Hotel.

---

[34] Memphis war die Hauptstadt des ersten Gaus von Unterägypten. Manetho berichtet, dass Memphis der Legende nach von König Menes 3000 v. Chr. gegründet wurde. Während des Alten Reiches war sie Hauptstadt von Ägypten und blieb eine wichtige Stadt in der ägyptischen Geschichte. Memphis stand unter dem Schutz des Gottes Ptah, dem Schutzpatron der Handwerker, dessen Tempel Hut-Ka-Ptah sich im Zentrum der Stadt befand.

[35] Sakkara ist eine altägyptische Nekropole am linken Nilufer, ca. 20 km südlich von Kairo. Bereits zur Zeit des Alten Reiches, von der 1. Dynastie bis in die Spätzeit, ist Sakkara als Begräbnisstätte belegt. Vermutlich wurde die Stadt nach dem Totengott Sokar benannt.

[36] Die Stufenpyramide des altägyptischen Königs Djoser aus der 3. Dynastie des Alten Reiches um 2650 v. Chr. ist die älteste, mit einer Höhe von 62,5 Metern die neunthöchste der ägyptischen Pyramiden und die einzige mit einer nichtquadratischen Grundfläche.

[37] Bei den „Gräbern der Edlen“ handelt es sich um zumeist kunstvoll ausgeschmückte Grabanlagen hoher Beamter aus dem Neuen Reich (1550 v. Chr. bis 1070 v. Chr.). Die Grabanlagen dieser Zeit ähneln meist kleinen Tempeln mit Pylonen und Höfen, darunter auch das erste Grab Haremhabs.

[38] Die Teti-Pyramide liegt in Sakkara, hatte eine quadratische Grundfläche von 78,8 m x 78,8 m und war einst wohl 52 m hoch. Teti war ein Pharao der 6. Dynastie (Altes Reich) und regierte von 2318 bis 2300 v. Chr.

Abb. 14: Die Große Sphinx von Gizeh[39] neben dem Sphinxtempel[40] (links), im Hintergrund die Chephren-Pyramide[41], dazwischen der Aufweg[42] vom Taltempel[43] zum Totentempel[44] und zur Pyramide

---

[39] Sie stellt einen liegenden Löwen mit einem Menschenkopf dar und wurde vermutlich in der 4. Dynastie um 2700–2600 v. Chr. errichtet.

[40] Der Sphinx-Tempel von Gizeh aus dem Alten Reich ist ein altägyptischer Tempel auf dem Gizeh-Plateau am Fuße der großen Sphinx. Er gilt als wichtiges Zeugnis für die Tempelbautätigkeit im Alten Reich. Der Tempel wurde wahrscheinlich vom altägyptischen König Cheops oder Chephren errichtet.

[41] Die mittlere der drei Pyramiden ist die des Pharao Chephren. Er regierte von etwa 2558 bis 2532 v. Chr. Die Chephren-Pyramide war ursprünglich 143,5 m hoch (heute: 136,4 m), die Seitenlänge betrug 215,25 m und ihr Neigungswinkel beträgt 53°10'. Wie auch die Cheops-Pyramide war sie komplett mit Kalksteinplatten verkleidet. Wie seit Snofru üblich, besitzt auch die Chephren-Pyramide die Dreiteilung Taltempel, Aufweg und Totentempel.

[42] Der 495 m lange Aufweg zwischen Tal- und Totentempel ist nur noch in Resten erhalten. Er bestand wahrscheinlich aus einem gedeckten Korridor aus Kalksteinen, außen mit Granit verkleidet und im Inneren mit Reliefs verziert.

[43] Der Taltempel der Chephren-Pyramide liegt unmittelbar neben dem Sphinx-Tempel am ehemaligen, antiken Hafenkai des Pyramidenbezirks.

[44] Der Totentempel ist östlich der Pyramide vorgelagert. Der König hat hier erstmals ein neues Baumuster eingeführt, das alle folgenden Totentempel aufweisen:

- eine Eingangshalle,
- einen offenen Säulenhof,

Als wir gegen drei Uhr am Nachmittag wieder im Hotel ankamen, hatten wir noch ungefähr zwei Stunden Zeit, bevor wir uns auf den abendlichen Ausflug in die Stadt machen wollten. Diese zwei Stunden wollte ich dazu nutzen, um mit Leah zumindest die weiteren Schritte des ausgewählten Formats zu besprechen und um das erste der sechs Teilziele zu bearbeiten. Hierzu begaben wir uns in einen etwas abseits gelegenen, ruhigen Teil des Hotelparks und ich erklärte Leah zunächst das genaue Vorgehen, der in Abb. 12 mit 4. – 11. gekennzeichneten Schritte.

Es dauerte ungefähr eine halbe Stunde, bis ich alles erklärt und Leahs Fragen beantwortet hatte, somit blieben uns noch knapp 90 Minuten für die Bearbeitung des ersten Teilzieles, was ich als hierfür ausreichend einschätzte.

Wir begannen also mit dem Teilziel „Heraussuchen der bereits zwischen 2005 und 2007 erstellten Unterlagen, die sich noch in einem Umzugskarton befinden".

„Dann lass uns mal anfangen, Leah. Ich möchte, dass du dir jetzt vorstellst, wie du das erste Teilziel in Angriff nimmst und dass du dich in diese Situation assoziierst. Du willst die Unterlagen, die du bereits vor einigen Jahren erstellt hast aus den Umzugskartons heraussuchen … stell dir vor wie es in dieser Situation sein wird … du spürst was du spüren wirst … du riechst was du riechen wirst … schmeckst was du schmecken wirst … hörst was du hörst … und du siehst was du siehst.[45]"

- fünf Nischen für Königsstatuen (Statuenkapellen),
- fünf Kammern als Magazine,
- das Allerheiligste mit Scheintüre und/oder Stelenpaar.

[45] Ich habe beim Hochfahren der Sinne hier absichtlich die Reihenfolge „Spüren – Riechen – Schmecken – Hören – Sehen" gewählt, da ich im Rahmen der Vorübungen und durch weitere Beobachtungen den Eindruck gewonnen hatte, dass Leah ein ausgeprägter kinästhetischer Typ war. Auffällig waren auch ihre starken Reaktionen auf olfaktorische und gustatorische Reize, weswegen ich diese hier und zum Teil auch bereits in einigen der vorherigen Schritte gleich hinter den kinästhetischen ansprach. Diese Ausprägung kam mir zunächst etwas verwirrend vor, ich erklärte sie

Ich konnte eine deutliche Veränderung an Leah erkennen, sie wirkte leicht angespannt nachdem sie in die Situation eingetaucht war.

„Wie fühlst du dich Leah? Beschreibe mir deine Wahrnehmungen."

„Mir geht es nicht gut, ich stehe vor den ganzen Umzugskartons mit meinen Studienunterlagen und den alten Büchern. Die hab ich alle gar nicht ausgepackt, weil ich sie momentan nicht mehr brauche. Wir haben alles im Krankenhaus, Nachschlagewerke und auch aktuelle Zeitschriften, warum sollte ich mir dann die alten Sachen noch in die Wohnung stellen. Es sind schon eine Menge Kartons und ich weiß nicht in welchem die Unterlagen sind, ich hab keine große Lust danach zu suchen und dabei dann auf irgendwelche Klamotten zu stoßen, an die ich keine guten Erinnerungen habe. Ich hab ein flaues Gefühl im Magen und fühle mich total antriebslos, ich will hier wieder weg."

„Okay Leah, dann trete jetzt bitte einen Schritt nach hinten aus dir in dieser Situation heraus und betrachte dich in dieser Situation aus einer dissoziierten Perspektive."

„Also als Beobachter? 3rd position war das doch, oder?"

„Genau Leah, beobachte dich aus der 3rd position heraus, wie du das erste Teilziel in Angriff nehmen willst. Was siehst du?"

„Ich sehe Leah, sie steht im Keller und starrt einen Haufen Umzugskartons an."

„Welchen Eindruck macht Leah auf dich?"

„Sie macht einen ziemlich lustlosen Eindruck auf mich, ich glaube sie will schnell wieder aus dem Keller nach oben gehen und die Kartons da lassen, wo sie sind."

---

mir aber damit, dass Leahs Mutter aus dem Libanon stammte und hier sozusagen ihre arabische Ader zum Vorschein kam. Vgl. zu den fünf Repräsentationssystemen Anhang C.

„Was könnte Leah denn gebrauchen, damit sie sich besser fühlt und damit sie dazu in der Lage wäre, die Unterlagen aus den Kartons herauszusuchen?“

„Wie meinst du das?“

„Wir hatten doch vorhin über Ressourcen gesprochen, du erinnerst dich was eine Ressource bei unserem Format ist? Welche Ressourcen könnten Leah in dieser Situation nützlich sein?“

„Ah okay, jetzt weiß ich, was du meinst. Nun ... Leah wirkt lustlos und angespannt ... ich glaube Entspannung könnte ihr helfen und ein gehöriger Schub Motivation.“

„Gut Leah, also Entspannung und Motivation. Noch etwas? Oder sind das alle Ressourcen?“

„Da bin ich mir nicht sicher, aber mehr fällt mir erst einmal nicht ein, ich denke Entspannung und Motivation würden auf jeden Fall helfen.“

„Okay, wir können ja erst einmal mit diesen beiden Ressourcen weitermachen und wenn später noch etwas fehlen sollte, können wir es immer noch ergänzen. Lass uns also mit Entspannung beginnen. Hattest du schon einmal eine Situation, in der du völlig entspannt warst? Eine Situation die von tiefer Entspannung geprägt war?“

Leah überlegte kurz.

„Ja, die hatte ich!“

„Das ist sehr gut, dann bitte ich dich jetzt, dich wieder in diese Situation zu begeben, tauche wieder tief in sie ein ... du spürst wieder, was du damals gespürt hast ... riechst, was du gerochen hast ... du schmeckst wieder, was du geschmeckt hast ... hörst und siehst ... ist es jetzt wieder da dieses tiefe Gefühl völliger Entspannung?“

Ich war mir sicher, dass es da war, da es unmöglich war es nicht von Leahs Zügen abzulesen, dass sie sich in einem Zustand tiefer Entspannung befand.

„Es ist ganz wundervoll, ich bin wieder hier am Meer und liege entspannt in meiner Hängematte, während ich den Fischerbooten auf dem Meer zuschaue. Es ist ganz toll, diese herrliche Ruhe, da kann ich vollkommen abschalten."

„Schön Leah, dass freut mich sehr, dass es dir so gut gefällt. Wenn du für dieses tiefe Gefühl der Entspannung ein Symbol auswählen sollst, was wäre das?"

„Ich weiß nicht genau."

„Lass dir ruhig Zeit Leah ... welches Symbol könnte für deine tiefe Entspannung stehen?"

„Ein Palme vielleicht ... ja, eine Palme passt super."

„Also ein Palme, okay. Möchtest du der Palme noch etwas hinzugeben? Vielleicht etwas, dass die Symbolkraft noch erhöht ... vielleicht einen Geruch oder einen Geschmack ... oder eventuell auch eine Farbe oder einen Klang?"

„Oh ja, den Geruch und den Geschmack der Piña Colada, die ich gerade schlürfe."

Ein breites Grinsen zeichnete sich auf ihrem Gesicht ab.

„Dann mach das doch so. Ich möchte, dass du jetzt diese Palme nimmst und sie an Leah übergibst, wie sie dort angespannt im Keller vor den Kartons steht ... und dann lässt du auch diesen Geruch und Geschmack nach Piña Colada zu ihr hinüberwehen."

Leah brauchte einen Moment um zu verstehen, was ich jetzt von ihr wollte, dann aber reichte sie die Palme in die Richtung weiter, in der sie zuvor gestanden hatte, als sie in Leah im Keller assoziiert war.[46]

---

[46] Für Außenstehende wirkt dieser Schritt meist unabsichtlich komisch, wenn jemand etwas Imaginäres in eine Richtung reicht, dann selbst an die entsprechende Stelle tritt und den imaginären Gegenstand aus der vorherigen Richtung entgegen nimmt, für den Coachee hingegen ist es in der Coachingsituation ganz natürlich und logisch.

„Gut Leah, dann assoziiere jetzt bitte wieder in die Situation im Keller und sobald du dort bist, nimmst du von Leah die Palme entgegen und tust sie dorthin, wo sie dir guttut ... und atmest diesen wunderbaren Geruch nach Piña Colada ein und genießt den Piña Colada Geschmack auf deiner Zunge ... und all das nimmst du tief in dich auf."

Es dauerte einen Moment bis Leah einen Schritt zur Seite tat und dann an den Punkt trat, an dem sie vorhin gestanden hatte.

Abb. 15: Die Stufenpyramide des Djoser in Sakkara

Während dieses Positionswechsels ankerte ich die Ressource durch leichten Druck mit zwei Fingern an ihrem rechten Oberarm.

Sobald Leah, die Position gewechselt hatte, war wieder eine deutliche Veränderung in ihrem Gesichtsausdruck abzulesen, sie wirkte wieder angespannt und kraftlos. Nach einem kurzen Moment streckte sie dann ihre Hände in die Richtung in der ihre Ressourcensituation gelegen hatte, als ob sie etwas entgegennehmen wollte und führte dann ihre Hände an die Region um ihren Nabel. Dann konnte ich sehen, wie sie tief einatmete und mit der Zunge über ihre Lippen fuhr. Die angespannten Züge waren gewichen und Entspannung machte sich auf ihrem Gesicht breit.

„Wie fühlst du dich jetzt Leah?"

„Ich fühle mich total entspannt, es ist wirklich toll!"

„Möchtest du jetzt schon nach den Unterlagen in den Kartons suchen?"

„Ehrlich gesagt hab ich da immer noch keine Lust drauf, aber die Anspannung wegen der anderen Dinge in den Kartons ist weg."

„Okay Leah, trete jetzt wieder aus der Situation zurück. ... Ja genau, so ist es gut! ... Wenn du dir Leah jetzt so ansiehst, was fällt dir auf? Welche Ressource könnte Leah noch gebrauchen? Ist es immer noch Motivation?"

„Leah hat sich verändert, sie ist nicht mehr so angespannt wie vorher, aber große Lust hat sie trotzdem nicht, ich denke weiterhin, dass Motivation hilfreich für sie wäre."

„Kannst du dich denn an eine Situation erinnern, in der du ganz besonders motivierst warst?"

„Als ich meinen Führerschein gemacht habe, war ich ungemein motiviert, ich wollte so schnell wie möglich damit fertig werden, damit ich nicht mehr auf die Bahn angewiesen wäre."

„Dann stell dir doch diese Situation jetzt bitte wieder vor, stell dir vor, wie motiviert du damals warst ... und du spürst wieder, was du damals gespürt hast ... riechst, was du gerochen hast ... schmeckst wieder ... hörst wieder ... und siehst wieder, was du gesehen hast."

Es dauerte einen kurzen Moment und dann konnte ich wieder eine Veränderung in Leahs Physiognomie erkennen, sie zeigte nun einen besonders kraftvollen Ausdruck.

„Leah, wie fühlst du dich?"

„Ausgezeichnet, ich könnte Bäume ausreißen, ich bin voller Tatendrang und will etwas tun."

„Wenn du ein Symbol für diesen Tatendrang, für dieses Gefühl der Motivation auswählen würdest, was wäre das dann?"

„Ein schickes kleines Cabrio."

Sie strahlte.

„Möchtest du diesem Cabrio noch etwas mitgeben, vielleicht wieder einen Geruch oder einen Geschmack … oder vielleicht eine Farbe oder einen Klang?"

„Hmm … der Duft von neuen Autos wäre toll und die Farbe Rot."

„Okay! Dann gebe jetzt bitte dieses Cabrio an Leah, die im Keller steht, weiter und lass den Geruch von neuen Autos zu ihr hinüberwehen und beame ein rotes Licht zu ihr herüber."

Es dauerte einen kurzen Moment, dann schien Leah etwas in die bereits bekannte Richtung zu reichen. Ich bat sie dann darum, die Position wieder zu wechseln und dann das Cabrio entgegen zu nehmen. Ich ankerte abermals, dieses Mal am linken Handgelenk. Sie streckte dann ihre Arme aus, als wenn sie etwas entgegennehmen würde und legte sie im Anschluss auf ihr Herz.

„Leah, nachdem du nun das Cabrio entgegengenommen hast und es dahin getan hast, wo es dir gut tut, atme auch den Geruch von neuen Autos ein und bade in diesem roten Licht, dass Leah zu dir hinüber gebeamt hat und nehme es völlig in dich auf und lass damit die Motivation in dir stärker und stärker werden."

Der Ausdruck von Kraft in ihrem Gesicht manifestierte sich zusehends.

„Wie fühlst du dich jetzt Leah?"

„Ich fühle mich viel besser, voller Tatendrang, einfach topmotiviert."

„Dann willst du jetzt bestimmt gleich mit der Suche nach den Unterlagen beginnen, oder?"

„Ich weiß nicht, eigentlich ja schon aber irgendwie auch nicht."

„Okay Leah, so schlimm ist das nicht. Wechsel doch bitte wieder in die 3rd position und beschreibe mir, wie du Leah jetzt wahrnimmst."

„Nun ja, Leah ist immer noch entspannt und strahlt jetzt einen ungeheuren Tatendrang aus, aber irgendetwas stimmt nicht und hält sie davon ab, die Unterlagen zu suchen."

„Was hält Leah ab? Welche Ressource könnte Leah an dieser Stelle helfen."

„Ich denke sie zögert noch, wegen der weniger schönen Erinnerungen, die sich auch in den Kartons befinden, da sind einige Dinge dabei, die sie damals viel zu persönlich genommen hat und die sie daher nicht wiederfinden möchte. Leah fehlt da der nötige Abstand."

„Und was könnte Leah helfen, mehr Abstand zu gewinnen?"

„Sachlichkeit! Ich glaube Sachlichkeit ist das, was ihr noch fehlt. Sachlichkeit wird ihr helfen die Kartons mit dem notwendigen persönlichen Abstand zu durchsuchen."

„Gut Leah, dann überlege dir jetzt bitte, in welcher Situation du besonders viel Sachlichkeit an den Tag gelegt hast. Hast du eine solche Situation?"

„Hab ich."

„Dann assoziiere dich jetzt wieder in diese Situation … du spürst wieder, was du damals gespürt hast … hörst, was du gehört hast … schmeckst … riechst und siehst wieder wie damals."

Nachdem Leah sich in die Situation zur Ressource Sachlichkeit assoziiert hatte, bat ich sie abermals darum sich Symbole zu überlegen.

„Ein Buch wäre ein passendes Symbol, dazu der Geschmack von frischem Kaffee und die Farbe Silber."

Nun sollte Leah wieder die Symbole aus der Ressourcensituation heraus an Leah in der Kellersituation übergeben, während des Positionswechsels ankerte ich diesmal an der rechten Schulter. Leah nahm dann die Ressourcen entgegen und legte ihre Hände an die Schläfen, sie wirkte danach ruhig und aufmerksam.

„Leah wie fühlst du dich jetzt?“

„Jetzt fühle ich mich wirklich gut. Ich möchte gleich anfangen die Unterlagen aus den Kartons herauszusuchen. Und eigentlich … eigentlich kann ich dann gleich alles aussortieren, da ist vieles dabei, was ich nicht mehr brauche und auch eigentlich nicht mehr sehen will. Also weg damit!“

„Okay Leah, nehme doch bitte noch einmal die Position des Beobachters ein und beschreibe mir dann, was du siehst und wie Leah auf dich wirkt.“

Leah machte einen Schritt hinüber zur Beobachterposition.

„Ich sehe Leah, wie sie sich gleich auf die Kartons stürzen will, sie wirkt entspannt, ist voller Tatendrang und hat jetzt die nötige emotionale Distanz, die notwendige Sachlichkeit, um auch mit den unangenehmen Erinnerungen in den Kartons umgehen zu können.“

„Sehr gut Leah! Ist das jetzt alles so in Ordnung oder könnte Leah noch eine Ressource gebrauchen?“

„Nein, alles ist ganz wunderbar, Leah braucht nichts weiter, sie macht das jetzt schon.“

„Wunderbar, dann komm jetzt bitte wieder zurück zu mir in den Hotelpark … geh einige Schritte spazieren, atme tief durch und schüttle dich einmal so richtig.“

Leah ging einige Schritte auf und ab und kam dann wieder zu mir zurück. Ein Blick auf die Uhr verriet uns jetzt allerdings, dass wir uns sputen mussten um den Shuttlebus in die Innenstadt zu erreichen und vorher noch unsere Jacken aus den Zimmern zu holen.

Gerade noch rechtzeitig am Bus angekommen, setzten wir uns in die letzte Reihe und auf der gut eine Stunde dauernden Fahrt für knapp 20km durch den Kairoer Abendverkehr, unterhielten wir uns über Leahs Erfahrungen aus der Bearbeitung des ersten Teilziels. Sie war überrascht und auch beeindruckt, wie das alles funktioniert hatte und ich musste ihr einige Punkte etwas genauer erklären.

Unter anderem wollte sie wissen, wie das mit den Ressourcen funktionierte. Sie hatte ja am Anfang zwei Ressourcen – Entspanntheit und Motivation – genannt, dann nachdem wir diese beiden transferiert hatten, fehlte aber noch etwas – Sachlichkeit – Leah wollte daher wissen, was passieren würde, wenn nach der dritten Ressource noch etwas fehlen würde. Ich erklärte ihr daher, dass unser Format – sowohl in den einzelnen Teilschritten, als auch in seiner Gesamtheit – nach dem TOTE-Modell[47] aufgebaut war. Es waren also Tests eingebaut. In diesem Fall war das die Frage an die in die Zielsituation assoziierte Leah nach ihren Gefühlen und dazu ergänzend die Frage an Leah in der Beobachterposition, ob Leah in der Zielsituation noch etwas fehlen würde. Sobald dieser Test zeigt, dass noch eine Ressource fehlt, folgt eine entsprechende Maßnahme (Operate), hier die Auswahl einer weiteren Ressource und ihr Transfer in die Zielsituation. Anschließend wird der Test wiederholt. Dieses Vorgehen wiederholt sich dann solange, bis der Test das Ergebnis hat, dass alles in Ordnung ist und keine weiteren Ressourcen mehr erforderlich sind. Sobald dieser Zustand erreicht ist, wird das Format beendet (Exit).

Leah war überrascht über diesen doch recht technisch anmutenden Ansatz für die Arbeit mit Menschen, zeigte sich aber nichtsdestotrotz beeindruckt von seiner Effektivität.

Damit ging auch dieser Coachingtag dem Ende zu, denn wir erreichten unser Ziel am ägyptischen Museum. Nachdem wir dann eine knappe Stunde damit verbracht hatten unseren Reiseleiter Ahmet zu suchen, mit dem wir uns hier verabredet hatten, unternahmen wir unter seiner Führung einen ausgiebigen Spaziergang durch das abendliche Kairo, um dann kurz vor Mitternacht mit dem letzten Shuttlebus zurück zum Hotel zu fahren.

---

[47] Test-Operate-Test-Exit-Modell, vgl. Anhang H.

Abb. 16: Die Alabastersphinx in Memphis

4. Die weiteren Teilziele (zusammenfassende Darstellung der Ergebnisse)

Am nächsten Morgen standen eine Führung durch das Ägyptische Museum[48], die Besichtigung der Alabaster-Moschee[49] des Mohammed Ali[50] auf der Zita-

[48] Das Ägyptische Museum in Kairo ist das weltweit größte Museum für altägyptische Kunst. Es enthält Werke aus verschiedenen Epochen der ägyptischen Kulturgeschichte: Frühgeschichte, Thinitenzeit, Altes Reich, Mittleres Reich, Neues Reich, Dritte Zwischenzeit und Spätzeit, sowie Griechisch-Römische Zeit. Es befindet sich am Al-Tahrir-Platz in der Innenstadt von Kairo und wurde 1900 nach Plänen des französischen Architekten Marcel Dourgnon im neoklassischen Stil erbaut. Die Eröffnung fand 1902 statt.

[49] Die Muhammad-Ali-Moschee, manchmal auch als Alabastermoschee bezeichnet, ist eine der großen Moscheen in Kairo. Sie wurde im Auftrag von Pascha Muhammad Ali in den Jahren 1824 bis 1884 im osmanischen Stil mit barocken Elementen erbaut. Verantwortlich für den Bau zeichne-

delle und der Ibn-Tulun-Moschee[51], sowie ein Besuch des berühmten Khan-Khalili-Bazars[52] auf dem Programm.

Nachdem wir am frühen Nachmittag zurück im Hotel angekommen waren, überlegten Leah und ich uns kurz das weitere Vorgehen und da wir bis zum Abschiedsessen mit Ahmet, der sich heute von unserer Gruppe verabschieden würde, noch einige Stunden Zeit hatten, beschlossen wir mit dem zweiten und eventuell auch noch mit dem dritten Teilziel fortzufahren.

Diese beiden Abschnitte – und in der Folge auch die Bearbeitung der verbleibenden Teilziele – sollen hier nur kurz im Ergebnis dargestellt werden, lediglich einzelne Problemsituationen werden ausführlicher dargestellt werden.

a. Abgleich der bereits vorhandenen Arbeit mit dem aktuellen Stand der Forschung und entsprechende Überarbeitung des Konzepts

Leah identifizierte hier bereits zu Beginn drei fehlende Ressourcen, dabei handelte es sich um Neugierde, Konzentration und Geduld.

Ich ließ Leah in der zuvor vorgestellten Weise Ressourcensituationen auswählen, in die sie sich assoziierte, um dann die Ressource mittels Symbolen und unterstützt durch kinästhetisches Ankern in die Zielsituation zu transferie-

---

te sich der Grieche Youssef Boschna aus Istanbul, der sich stilistisch an der dortigen Yeni-Valide-Moschee orientierte.

[50] Muhammad Ali Pascha (*1769 in Kavala; † 2. August 1849 in Alexandria) war von 1805 bis 1848 Vizekönig von Ägypten sowie osmanischer Pascha. Er begründete die bis 1953 regierende ägyptische Herrscherdynastie und erreichte eine relative Unabhängigkeit Ägyptens vom Osmanischen Reich.

[51] Die Ibn-Tulun-Moschee ist die flächengrößte Moschee Kairos und gilt als älteste in ihrer ursprünglichen Form erhaltene Moschee der Stadt. Sie wurde unter Ahmad ibn Tulun von 876 bis 879 errichtet, der als Abbasiden-Statthalter von 868 bis 884 herrschte und Ägypten in eine De-facto-Unabhängigkeit führte.

[52] Chan el-Chalili ist ein Suq/Basar in der Altstadt von Kairo. Der westlich der Saiyidna el-Husain-Moschee (Freitagsmoschee) gelegene Markt gilt als der größte Afrikas und wurde im 14. Jahrhundert auf dem Gelände eines ehemaligen Mamluken-Friedhofs als Karawanserei und Handelshof gegründet. Der Name geht auf seinen Bauherrn, Emir Dschaharek el-Chalili, zurück. Später (während des Ottomanischen Reichs – bisweilen auch heute noch so benannt) war er bekannt als „Türkischer Bazar“.

ren. Mit dem Hinzufügen jeder Ressource in die Zielsituation verbesserte sich Leahs Gemütslage sichtlich, allerdings stellten wir nach der dritten Ressource fest, dass es noch nicht gut war, sondern das noch etwas fehlte.

Aus der 3rd position heraus identifizierte Leah dann Gründlichkeit als weitere fehlende Ressource, welche wir dementsprechend im Anschluss erarbeiteten und in die Zielsituation transferierten. Der anschließende, erneute Test hatte ein positives Ergebnis, Leah fehlten keine weiteren Ressourcen mehr für die Verwirklichung dieses Teilziels, so dass wir diesen Abschnitt beenden konnten.

Abb. 17: Innenansicht der Kuppel der Alabastermoschee (Muhammad-Ali-Moschee)

b. Kontaktaufnahme zum Betreuer der Dissertation und Besprechung des überarbeiteten Konzepts, sowie Klärung der weiteren Formalien

Nachdem wir eine kurze Pause gemacht hatten, in der Leah zur Ablenkung etwas durch den Park spazieren sollte, während ich von der Bar zwei Cappuccinos für uns besorgte, setzten wir das Coaching mit dem dritten Teilziel fort.

Für die Kontaktaufnahme mit ihrem Betreuer benötigte Leah zunächst einmal Mut; da sie sich einige Jahre nicht mehr bei ihrem Betreuer gemeldet hatte, hatte sie nun doch etwas weiche Knie bei der Vorstellung seiner Reaktion auf ihr plötzliches Wiedererscheinen.

Nachdem wir erfolgreich die Ressource Mut in die Zielsituation eingebracht hatten, hielt Leah Überzeugungskraft und Empathie für nützliche Fähigkeiten um den Betreuer von ihrem überarbeiteten Konzept zu überzeugen. Leah identifizierte also hierzu passende Ressourcensituation und wir übertrugen Überzeugungskraft und Empathie in die Zielsituation. Der anschließende Test zeigte uns eine zufriedene Leah, die vor Überzeugungskraft nur so strotzte und sicher war, dass sie nun für diese Situation gut gerüstet wäre.

Nachdem wir damit auch die Arbeit am dritten Teilziel erfolgreich beendet hatten, nahmen wir noch für einige Minuten und einen kleinen Cocktail an der Poolbar Platz und Leah reflektierte ihre Erfahrungen des heutigen Tages. Dann hieß es auch schon wieder Aufbruch zum Abschiedsessen mit Ahmet in der Innenstadt. Der Abend endete spät mit einem für uns alle sehr emotionalen Abschied von Ahmet am Shuttlebus zum Hotel.

Abb. 18: Blick in den Innenhof der Ibn-Tulun-Moschee mit dem zentralen Brunnen, im Hintergrund ist das Minarett der Moschee zu erkennen

Dennoch hieß es am nächsten Morgen früh aufstehen, denn ein Kollege von Ahmet holte uns bereits vor Sonnenaufgang am Hotel ab, um uns zum Flughafen zu bringen. Der Weiterflug zu unserem abschließenden Badeaufenthalt in der Makadi Bay am roten Meer stand an diesem Tag auf dem Programm. Nach der Ankunft in unserem Hotel, nutzten wir zunächst die Gelegenheit noch einen kleinen Imbiss vom Mittagsbuffet einzunehmen, ehe wir uns an die Poolbar begaben um ein wenig zu relaxen. Es dauerte allerdings nicht allzu lang, bis ein Vertreter des örtlichen SPA und Wellness-Centers erschien um uns diverse Massagen zu verkaufen. Nun ja, eigentlich konnten wir alle etwas Entspannung gebrauchen, so dass Leah ihr orientalisches Verhandlungsgeschick – darin war sie wirklich extrem gut und wir konnten es schon zuvor auf den Märkten und den Geschäften die wir besucht hatten bestaunen und bewundern – einsetzte, um für uns ein 120 Minuten Wellness-Programm (inklusive Kokospackung und 60-minütiger Massage wie der Mann aus dem SPA betonte) zum Preis eines 80 Minuten Programms herauszuschlagen. Damit war der Nachmittag verplant, so dass wir die weitere Zielarbeit auf den nächsten Vormittag legten.

c. Aufbereitung der vorhandenen Daten, ggf. Erhebung ergänzender Daten und Einbindung der Daten in das neue Forschungskonzept

Nach einer erholsamen Nacht, in der wir alle – vermutlich eine Nebenwirkung der Massage – wie die Murmeltiere geschlafen hatten, trafen wir uns zunächst zu einem reichhaltigen Frühstück um uns für den nächsten Abschnitt des Coachings zu stärken.

Danach ging es zum Strand, der gegen neun Uhr noch erstaunlich leer war – wir stellten später fest, dass er sich meist erst gegen Mittag füllte, wenn die Sonne den Sand bereits aufgeheizt hatte – wodurch wir problemlos eine ruhige Stelle für uns finden konnten.

Ich bat Leah nun zunächst aus der Ausgangssituation heraus die bereits bearbeiteten Teilziele nacheinander zu durchlaufen, hierdurch sollte sichergestellt werden, dass es in der Zwischenzeit nicht zu Veränderungen gekommen war und eventuell bei einem der Teilziele eine weitere Ressource fehlte. Sollte eine solche Veränderung vorliegen, würde zunächst die notwendige Ergänzung vorgenommen werden, bevor mit dem nächsten Teilziel fortgefahren werden würde.

In Leahs Fall ließ sich eine solche Veränderung jedoch nicht feststellen, daher begannen wir direkt mit der Arbeit am vierten Teilziel.

Leah benannte hier zunächst nacheinander Sachlichkeit und Gewissenhaftigkeit als benötigte Ressourcen. Nachdem sie diese eher leidenschaftslosen Ressourcen für die Zielsituation aktiviert hatte, wurde es jedoch sehr deutlich, dass hier noch etwas Emotionales fehlte, was Leah schließlich als Begeisterung identifizierte. Ich ließ sie also noch Begeisterung hinzufügen, wodurch es zu deutlichen, positiven Veränderungen in ihrer Physiognomie kam. Beim anschließenden Test schien mir Leah etwas unsicher darüber, ob hier noch etwas fehlte oder nicht, sie sagte dann aber letztlich, dass alles in Ordnung sei und keine weitere Ressource mehr notwendig wäre.

Während Leah zum Abschalten einige Minuten im Meer schwimmen ging, holte ich uns von der Strandbar zwei Fruchtsäfte, ehe wir mit dem fünften Teilziel fortfuhren.

d. Ausformulierung der Dissertation und Fertigstellung des finalen Layouts

Nachdem Leah aus dem Meer gekommen und sich abgetrocknet hatte, setzten wir unsere Arbeit fort.

Leah benannte zunächst Kreativität als notwendige Ressource und ich ließ sie Kreativität in die Zielsituation transferieren. Anschließend hielt sie Sprachgewandtheit für nützlich und fügte auch diese in die Zielsituation ein. Zu diesem Zeitpunkt wirkte sie sehr sicher in Bezug darauf, dass sie in der Lage wäre ihre Dissertation auszuformulieren und mit einem finalen Layout auszustatten, dennoch fehlte ihr etwas. Ich ließ ihr daher Zeit, mehrfach zwischen der Zielsituation und der Beobachterposition zu wechseln und nach einigen Wechseln schien es ihr dann wie Schuppen von den Augen zu fallen, dass ihr noch etwas Qualitatives fehlte: Präzession. Leah fügte also noch Präzession als weitere Ressource hinzu und ich konnte einen etwas ernsteren aber weiterhin zuversichtlichen Ausdruck in ihrem Gesicht erkennen. Der anschließende Test zeigte, dass keine weiteren Ressourcen mehr für dieses Teilziel erforderlich waren.

Inzwischen war es Zeit für eine etwas längere Pause geworden und daher begaben wir uns zur Strandbar, um dort einen kleinen Mittagssnack einzunehmen und dabei den Vormittag noch einmal vor dem geistigen Auge ablaufen zu lassen. Nach einer knappen Stunde, entschlossen wir uns dazu noch das letzte Teilziel in Angriff zu nehmen, ehe wir uns für die am Vortag gebuchte abendliche große Wüstensafari (Fahrt mit Geländefahrzeugen durch die Wüste; Besuch eines Beduinendorfes inklusive Kamelritt und Abendessen; Sternenhimmel in der Wüste) vorbereiten würden. Die Überprüfung des Gesamtergebnisses wollten wir dann in aller Ruhe am nächsten Tag durchführen.

e. Abgabe der Dissertation bei einem Lektor, gefolgt vom Druck und der Abgabe beim Promotionsausschuss

Bevor wir mit dem abschließenden Teilziel begannen, bat ich Leah nochmals – wie bereits am Vormittag vor dem Beginn mit dem vierten Teilziel geschehen – darum die bisherigen Schritte nacheinander zu durchschreiten, um eventuell noch fehlende Ressourcen möglichst früh zu identifizieren. Und tatsächlich sollte es hier zu einer Unterbrechung beim vierten Teilziel kommen. Leah zögerte hier plötzlich und ich erinnerte mich daran, dass sie sich hier bereits am Vormittag nicht wirklich sicher war, ob noch eine Ressource fehlte oder nicht, sie letztlich aber mit dem nächsten Ziel weiterfahren wollte. Nun zeigte sich aber deutlich, dass hier noch etwas fehlte und ich gab Leah ausreichend Zeit sich darüber gewiss zu werden, welche Fähigkeit ihr bei der Verarbeitung ihrer Daten neben Sachlichkeit, Gewissenhaftigkeit und Begeisterung noch hilfreich sein könnte. Es dauerte einige Minuten, in denen Leah mehrmals zwischen Beobachter- und Zielsituation hin und her wechselte, um dann Entspanntheit als weitere Ressource zu benennen. Dementsprechend ließ ich Leah nun Entspanntheit in die Situation einbringen und der nachfolgende Test hatte nun ein absolut klares und befriedigendes Ergebnis, insbesondere waren auch die am Vormittag in Erscheinung getretene Unsicherheit und Leahs Zögern bei der Beantwortung meiner Fragen nicht länger zu beobachten. Anschließend setze Leah ihren Weg bis zum letzten, noch zu bearbeitenden Teilziel erfolgreich und ohne weitere Auffälligkeiten fort.

Damit konnten wir uns nun dem letzten von Leahs sechs Teilzielen zuwenden. Neben Kritikfähigkeit für die Arbeit mit dem Lektor und Ruhe, benannte sie letztlich noch Geduld als notwendige Ressource für diesen Abschnitt.
Da der abschließende Test für diesen Schritt, keine Notwendigkeit weiterer Ressourcen erkennen ließ, beenden wir das Coaching für diesen Tag.
Nachdem wir uns noch einige Minuten in die Fluten gestürzt hatten, wurde es Zeit uns für die Wüstensafari umzuziehen.
Menes, unser Reiseleiter für diesen Ausflug holte uns mit einem Geländewagen am Hotel ab und die Fahrt ging über Hurghada in die Wüste des Hinterlandes. Nach einer knappen Stunde Fahrt durch die Wüste kamen wir in einem Beduinendorf – offensichtlich ein sehr tourismusorientierter Stamm, denn nur die wenigsten Beduinen dürften einen betonierten und mit professioneller Lichttechnik ausgestatteten Tanzplatz in ihrem Lager haben – an.

Hier stand zunächst der Kamelritt auf dem Programm, der zum Großteil aus dem Aufsitzen des Touristen und dem Aufstehen des Kamels, sowie dem Hinsetzen des Kamels und dem Absteigen des Touristen bestand. Die knapp 50 Meter die das Kamel zwischendurch mit dem Touristen auf dem Rücken zurücklegte, dürften streng genommen nur schwerlich als „Ritt" zu qualifizieren sein.

Abb. 19: Bei den „touristischen" Beduinen und ihren Reittieren

Im Anschluss gab man uns Gelegenheit die, nach entsprechendem Hinweis des örtlichen Gästebetreuers extra im Supermarkt der Hotelanlage erworbenen Süßigkeiten an die, eher undankbaren Kinder der Beduinen zu verteilen und die Warenpräsentation des Lagers zu begutachten, die zu einem großen Teil aus Perlenketten, Schmuck und Teppichen bestand, deren authentisch beduinischer Ursprung uns allerdings mehr als zweifelhaft erschien.

Es folgte ein – nach der exzellenten Verpflegung die wir von unserer Dahabeya gewohnt waren – maximal als befriedigend zu bewertendes arabisches Abendessen von einem Selbstbedienungsbuffet, welches die einzelnen Besuchergruppen allein für sich in abgetrennten Bereichen einnehmen konnten, dazu erklang arabische Musik aus einem Lautsprecher, während der Tanzplatz an diesem Abend wohl leer blieb, aber Tanz war ja auch nicht Teil des gebuchten Programms.

Zum Abschluss wurden wir dann zur gebuchten Beobachtung des Sternenhimmels geführt, die aus drei GPS-Teleskopen bestand – die auf einen Teil der Mondoberfläche, die Venus und auf einen Pulsar ausgerichtet waren – durch die jeder jeweils einen kurzen Blick werfen durfte.
Dann hieß es auch schon wieder aufsitzen und die nächtliche Rückfahrt – interessanter Weise war sie weitaus kürzer als die Hinfahrt – zu unserem Hotel begann. Dort angekommen gab es noch ein paar Diskussionen um die Höhe des Trinkgeldes, denn offensichtlich waren der Fahrer und der Reiseleiter von den üblichen Badetouristen höhere Beträge gewohnt, als wir erfahrenen Ägyptenreisenden für angemessen hielten, aber in einem solchen Fall darf man nicht lockerlassen hatte uns Ahmet beigebracht.
Leah und ich nahmen danach noch auf der Terrasse der Hotelbar Platz, um den Abend mit einem Test der Cocktailkarte und dem Austausch von Erinnerungen an unsere Fahrt auf der Dahabeya ausklingen zu lassen.

5. Überprüfung des Gesamtergebnisses und Abschluss

Nach einem abermals reichhaltigem Frühstück am nächsten Morgen, stand der letzte Abschnitt des Coachings auf dem Programm, die Überprüfung des Gesamtergebnisses, die wie bereits angedeutet aus einem abschließendem Test bestand, bei dem Leah Schritt für Schritt die aus den einzelnen Teilzielen gebildete Kette durchschreiten sollte. Hierbei sollte ein letztes Mal geprüft werden, ob bei einzelnen Teilzielen eventuell zusätzliche Ressourcen zu ergänzen wären und insbesondere auch, ob Leah durch die vorgenommene Gliederung nun auch das Gesamtziel nicht mehr für zu groß hielt und sich selbst für dessen Erreichung für ausreichend motiviert hielt.
Wir suchten wieder unseren ruhigen Platz am Strand auf, den wir am Vortag gefunden hatten und nahmen den letzten Schritt in Angriff.

„Okay Leah, dann wollen wir jetzt mit dem abschließendem Test beginnen. Ich möchte dich bitten dir jetzt eine Kette vorzustellen, die am einen Ende mit der Ausgangssituation beginnt und am anderen Ende mit der Zielsituation endet, die weiteren Glieder dieser Kette werden aus den Teilzielen gebildet, die wir in den letzten Tagen mit Ressourcen ausgestattet haben. Stelle dir diese Kette bitte räumlich vor, so dass du in der Lage dazu seien wirst, ob jetzt gleich oder erst nach einiger Zeit des Überlegens, diese Kette Glied für Glied abzuschreiten. Wir werden das einige Male wiederholen ... und ich möchte, dass du dabei jedes Mal schneller und schneller wirst ... beim letzten Mal wirst du die Strecke zwischen Ausgang und Ziel geradezu in einem Sprint ... vielleicht sogar in einem Sprung zurücklegen ... aber jetzt atme erst einmal einige Male tief ein und aus ... und dann gehst du die Kette langsam ... ganz langsam durch und hörst dabei auf deine Gefühle ... sobald du die nötige Entspannung gefunden hast, möchte ich dich bitten, in die Ausgangssituation zu treten ... nehme dir dafür all die Zeit die du dafür benötigst."

Es dauerte einige Minuten, dann entspannte sich Leahs Ausdruck und sie machte einen Schritt zur Seite und dann noch einmal zwei Schritte nach vorn.

„Gut Leah, bist du jetzt in der Ausgangssituation?"

Sie nickte.

„Erinnere dich jetzt bitte wieder an die Ressourcen die du dir für den ersten Schritt gegeben hast ... erinnere dich, wohin du sie getan hast ... und wie gut sie dir dort getan haben ... lass dieses wunderbare Gefühl wieder groß in dir werden ... lass es ganz groß in dir werden, bis es dich völlig ausfüllt ... und sobald du wieder völlig von diesem wunderbaren Gefühl erfüllt bist ... es kann ganz schnell gehen oder auch noch etwas dauern ... sobald das Gefühl wieder rein und stark in dir ist ... prüfst du dich selbst, ob du noch etwas für den nächsten Schritt benötigst ... oder aber ob du bereits über alle Fähigkeiten verfügst, um den nächsten Schritt zu machen ... lass dir dabei die notwendige Zeit um die Antwort, die tief aus dir heraus kommen wird ... zu hören

... und wenn du sie gehört hast, dann folgst du ihr ... machst einen weiteren Schritt auf der Kette zum nächsten Glied ... oder du nennst die Fähigkeit, die dir helfen würde diesen Schritt zu machen ... und dann werden wir dir auch diese weitere Fähigkeit zu Verfügung stellen ... aber jetzt höre erst einmal auf die Stimme in dir ... die Stimme, die dir die Antwort geben wird ... jetzt oder erst in einigen Minuten."

Es dauerte einige Minuten, in denen ich jedoch deutliche Änderungen in Leahs Physiognomie wahrnehmen konnte, die mir den Eindruck vermittelten, dass sie Ressource für Ressource aktivierte und ihnen die notwendige Zeit gab um die Situation zu verändern, dann machte Leah einen Schritt nach vorn.

„Leah, hast du das erste Glied der Kette nun hinter dir gelassen?"

„Ja!"

„Gut Leah ... nun ist es Zeit sich wieder an die Fähigkeiten zu erinnern ... die Fähigkeiten, die dir helfen werden noch einen weiteren Schritt auf das Ziel zu zumachen ... erinnerst du dich wieder an diese Fähigkeiten ... erinnerst du dich wieder daran, wie gut sie dir tun ... wie kraftvoll sie dich dabei unterstützen den nächsten Schritt zu machen ... lass diese Fähigkeiten wieder ganz groß werden ... lass sie von dem Ort, an den du sie getan hattest, wieder wachsen ... lass sie groß und stark in dir werden ... und wenn du wieder von ihrer Kraft erfüllt bist ... dann hörst du wieder in dich hinein ... dort wird eine Antwort sein ... du wirst erkennen, ob es Zeit für den nächsten Schritt ist ... oder ob noch etwas fehlt für den weiteren Weg ... spüre die Reaktionen deines Körpers ... will er weiter gehen ... jetzt oder erst wenn die Fähigkeiten noch etwas gewachsen sind und in dir zu voller Pracht gereift sind ... oder hält ihn noch etwas zurück, das hinzugefügt werden sollte ... spüre jetzt ... höre jetzt ... und dann tue es."

Abermals vergingen einige Minuten, in denen ich teils langsame, teils sprunghafte Veränderungen in Leahs Zügen erkennen konnte, dann machte sie plötzlich einen zügigen Schritt nach vorn.

Leah bestätigte mir dann mit einem Nicken, dass sie ein weiteres Glied der Kette hinter sich gelassen hatte und ich fuhr mit der Aktivierung der Ressourcen für den nächsten Schritt fort.

So ging es dann die nächsten 20-25 Minuten weiter, ehe wir vor dem letzten Schritt angekommen waren. Bei jedem Schritt konnte ich eine deutliche Entwicklung an Leah ablesen, die einmal mehr, ein anderes Mal weniger Zeit in Anspruch nahm.

Nun ging es um den letzten Schritt, der zugleich in die Zielsituation führen würde.

„Nun Leah … nachdem du bereits fünf große Schritte zurückgelegt hast … nun da du kurz vor dem Ziel angelangt bist … nun da es nur noch ein kleiner Schritt bis zu deinem Ziel ist … nun Leah erinnere dich wieder an die Fähigkeiten … die Fähigkeiten, die dir diesen Schritt ganz leicht machen sollen … so leicht, dass es wie von selbst geschehen wird … suche die Fähigkeiten dort, wo du sie bewahrst … und dann lasse sie frei … lasse sie frei, damit sie dich durchströmen können … damit sie jede Faser deines Körpers durchdringen können … und je mehr sie sich in dir ausbreiten, desto stärker werden sie werden … immer stärker und intensiver werden diese Fähigkeiten werden … sie mögen sich schnell ausbreiten … oder vielleicht auch etwas langsamer … und wenn du sie dann mit jeder Faser deines Körpers spüren kannst … dann höre wieder auf die Stimme … die Stimme die dir sagen wird, ob du soweit bist … ob du soweit bist, den letzten Schritt zu tun … oder ob du noch etwas warten sollst … etwas warten, bis die Fähigkeiten noch stärker geworden sind … oder etwas warten und noch etwas hinzufügen … etwas hinzufügen, um es dir noch leichter zu machen … lass dir ganz viel Zeit dabei auf die Stimme zu hören … und wenn du die Antwort weißt, dann folge ihr.“

Wieder dauerte es etwas, doch dann machte Leah den abschließenden, den befreienden Schritt nach vorn.

„Wo bist du jetzt Leah? Wie fühlst du dich?"

„Ich bin am Ziel, es ist bald Weihnachten und ich habe gerade meine gedruckte Dissertation beim Promotionsausschuss der Uni abgegeben. Das war eigentlich ganz einfach. Ich fühle mich ganz wunderbar, irgendwie ganz leicht und ich bin total stolz auf mich, dass ich das endlich geschafft habe. Ich bin total happy!"

„Das freut mich wirklich sehr Leah, dass du dein Ziel erreicht hast. Ich möchte, dass du dieses Gefühl noch einige Zeit auskostest … lass dir die notwendige Zeit es ausgiebig zu genießen … und wenn du soweit bist … es kann schon bald soweit sein … oder auch erst in einigen Minuten … dann atmest du zehnmal tief ein und aus … und mit jedem Atemzug lässt du diese phantastischen Gefühle noch größer und stärker in dir werden … und mit jedem Atemzug machst du einen Schritt nach vorn … und mit jedem Schritt wirst du mehr und mehr von diesen wunderbaren Gefühlen erfüllt … und mit jedem Schritt kommst du wieder ein Stück zu mir zurück … zu mir hier am Strand … und nach dem zehnten Schritt bist wieder ganz und gar hier bei mir … und auch die Gefühle werden dann hier sein … sie werden stark in dir sein und dir Kraft geben … Kraft, wann immer du sie brauchst um dein Ziel zu erreichen … und jetzt nimm dir die Zeit, die du brauchst."

Nach ungefähr fünf Minuten konnte ich hören, wie Leahs Atmung tiefer wurde und dann begann sie auch langsam mit den zehn Schritten, die sie wieder zurück in die Realität führen sollten.

Sobald Leah wieder bei mir angekommen war, bat ich sie darum einen kleinen Spaziergang zu machen oder ein paar Minuten Schwimmen zu gehen, damit sie wieder einen klaren Kopf bekam und um das gerade Erfahrene ein wenig zu verarbeiten. Sie entschied sich trotz des noch etwas kalten Wassers

für das Schwimmen und ich besorgte uns in der Zwischenzeit etwas Erfrischendes von der Strandbar.
Nachdem Leah aus dem Wasser gekommen war, wiederholten wir die Übung wie zuvor angekündigt. Der Unterschied hierbei war nun, dass ich den Anteil der Führung reduzierte und Leah dadurch mehr Selbstständigkeit beim Durchschreiten der Kette an den Tag legen musste.
Auch dies verlief letztlich ohne Probleme und ich schloss einen weiteren Durchgang an, bei dem ich meinen Part noch weiter reduzierte, so ging es dann noch einige Male weiter, bis ich letztlich nur noch den „Startschuss" zu geben brauchte, woraufhin Leah die gesamte Kette selbstbewusst und kräftigen Schrittes durchlief.
Damit war die Überprüfung des Gesamtergebnisses erfolgreich verlaufen und Leahs Coaching hatte einen erfolgreichen Abschluss gefunden.

v. Nachbesprechung des Coachings

Inzwischen war es bereits Mittag geworden und wir entschieden uns für einen kleinen Snack an der Strandbar, ehe es zu der zusammen mit der Wüstensafari gebuchten – so sagte man uns zumindest – spektakulären Fahrt mit dem Halb-U-Boot durch das Hausriff gehen sollte.
Wir trafen uns mit den anderen Teilnehmern unserer Gruppe und gingen an Bord. Obwohl das Schiff und die Idee dahinter einen guten Eindruck bei uns hinterließen, waren wir letztlich von der Fahrt sehr enttäuscht. Ursächlich hierfür war der – so nahmen wir ihn zumindest wahr – desolate Zustand des Riffs, es wirkte extrem blass und viele Korallen sahen braun und abgestorben aus; es war ein trauriger Anblick und auch nur wenige Fische sorgten für etwas Farbe in dem tristen Bild, welches sich uns dort bot. Nach der Rückkehr an Land unterhielten wir uns noch einige Zeit lang über diesen enttäuschen-

den und vor allem traurigen Eindruck, den diese Fahrt bei uns hinterlassen hatte.

Abb. 20: Das Hausriff der Makadi Bay, aufgenommen aus dem Halb-U-Boot

Nach einiger Zeit hatten wir uns wieder etwas von unserer Enttäuschung erholt und ich setzte mich mit Leah noch einmal an die Strandbar, um eine kurze Nachbesprechung des Coachings mit ihr durchzuführen.

Im Wesentlichen gab ich Leah hierbei Gelegenheit mir das Coaching aus ihrer Sicht zu schildern und mir Fragen zu den eingesetzten Methoden aber auch allgemeiner Natur zu stellen. Leah machte hiervon durchaus regen Gebrauch, es zeichnete sich jedoch auch bald ab, dass sich ihre Fragen eher auf die persönliche Praxis bezogen.

- Muss ich noch etwas Zusätzliches tun um mein Ziel erfolgreich zu meistern?
- Wie reagiere ich auf Zwischenfälle? Z.B. wenn etwas nicht so funktioniert wie geplant oder wenn sich äußere Rahmenbedingungen ändern
- Wie reagiere ich darauf, wenn ich plötzlich wieder eine „Blockade" habe?
- Kann ich meine Ressourcen auch anderweitig nutzen?
- Kann ich so eine Technik auch spontan und allein nutzen?

Ich bemühte mich Leahs Fragen bestmöglich zu beantworten und erklärte ihr daher,

- dass sie jetzt über alle notwendigen Fähigkeiten verfügt um ihr Ziel zu erreichen und sie daher nur noch anfangen muss. Weiterhin, dass ihr dieses Anfangen nun auch nicht mehr schwer fallen sollte, was sie mir auch sofort bestätigte, denn es würde ihr geradezu unter den Nägeln brennen, die Kartons im Keller auseinander zu nehmen. Natürlich wies ich sie auch darauf hin, dass es immer zu unerwarteten Veränderungen der Rahmenbedingungen kommen kann, was ja auch Bestandteil einer ihrer anderen Fragen war.
- dass Zwischenfälle oder veränderte Rahmenbedingungen stets auftreten können und dass das beste Mittel um auf sie zu reagieren, Flexibilität sei[53]. Es sei also ggf. notwendig die Teilziele entsprechend zu modifizieren bzw. zu erweitern oder auch zusätzliche Teilziele in der Kette

[53] So auch eine der Vorannahmen des NLP: „Wenn etwas nicht funktioniert, dann probiere etwas anderes."

zu implementieren. Hierzu könne sie sich an dem gelernten Vorgehen orientieren. Sobald die Kette der Teilziele an die neue Situation angepasst sei, wäre es dann an der Zeit die einzelnen Teilzielsituationen auf fehlende Ressourcen zu prüfen, schließlich wäre es möglich, dass bereits leichte Modifikationen eines Teilziels völlig andere oder zumindest zusätzliche Fähigkeiten erforderlich machen würden. Bei zusätzlichen Teilzielen ist dieser Schritt ohnehin obligatorisch. Nachdem die Vervollständigung der Fähigkeiten für die einzelnen Schritte abgeschlossen wäre, sollte dann der Durchlauf – der ab dem aktuellen Zeitpunkt noch in der Zukunft liegenden Glieder – der Kette (wie am Morgen als abschließende Übung geschehen) mehrfach wiederholt werden.

- dass eine Blockade ohne das Vorliegen von Zwischenfällen oder veränderten Rahmenbedingungen vermutlich darauf zurückzuführen sein wird, dass es auf dem Weg zum Ziel zu inneren Veränderungsprozessen gekommen ist, die zu einer Verschiebung der aktuell benötigten Ressourcen geführt haben. Da der nächste Schritt nun andere bzw. zusätzliche Fähigkeiten erfordert, als dies ursprünglich der Fall war, kommt es jetzt wieder zu einem Motivationsdefizit, zu einer Blockade. In diesem Fall ist das Teilziel erneut auf die benötigten Fähigkeiten hin zu prüfen und um diese zu ergänzen. Sicherheitshalber sollten auch die weiteren, noch offenen Teilziele überprüft und ggf. entsprechend mit Ressourcen optimiert werden. Im Anschluss wäre auch hier ein mehrfacher Durchlauf der noch verbliebenen Glieder der Kette, zur Festigung sinnvoll.
- dass sie alle im Rahmen des Coachings angewendeten Ressourcen auch in anderen Situationen einsetzen könne, sowie dass sie auch noch weitere Ressourcen hierfür aktivieren könnte. Als Vorbereitung auf eine spezielle Situation mittels Hinzufügung von Ressourcen legte ich Leah das Format Moment of Excellence ans Herz, welches ja auch

zentraler Bestandteil des in Leahs Coaching eingesetzten, kombinierten Formats gewesen war.

- dass sie Ressourcen jederzeit – auch spontan – für sich nutzbar machen kann und dass das hierfür geeignetste Format der Moment of Excellence wäre. Weiterhin, dass sie einen Moment of Excellence nicht nur jederzeit und in jeder Situation einsetzen könne, sondern dass sie ihn vor allem auch allein einsetzen könne, dass genaue Vorgehen sei ihr ja aus unserem Coaching bekannt.

Nachdem ich Leahs Fragen zufriedenstellend beantwortet hatte, gab ich ihr noch einige Tipps, wie sie sich selbst auf dem Weg zum Ziel optimal unterstützen könnte.

- Leah solle regelmäßig – am Anfang am besten täglich – dass Durchlaufen der Kette wiederholen, um das erreichte Ergebnis weiter zu verfestigen.
- Leah solle vor dem Start jeden Teilschrittes nochmals die Ressourcenausstattung für diesen Schritt überprüfen und ggf. Ressourcen mittels eines Moments of Excellence ergänzen.
- Leah solle nach Abschluss eines jeden Teilschrittes die noch vor ihr liegenden Glieder der Kette durchlaufen und jedes der Glieder auf Veränderungen überprüfen. Sollte sich der Ressourcenbedarf an einer Stelle verändert haben, so ist die Ressourcenausstattung dieser Stelle umgehend entsprechend zu erweitern.
- Leah solle zu Übungszwecken täglich einen Moment of Excellence durchführen und sich dabei auf eine bestimmte Situation des Tages vorbereiten, die ihr besondere Schwierigkeiten macht oder die sie besonders fordert.

Weiterhin bot ich Leah selbstverständlich meine weitere Unterstützung an, sie könne jederzeit mit Fragen auf mich via Mail oder auch telefonisch zukommen und zudem wäre auch ein weiteres Coaching kein größerer Aufwand, da sie ja nur knapp 90 Minuten von mir entfernt wohne.

Damit waren wir am Ende der Nachbesprechung angekommen und ein Blick auf die Uhr verriet uns, dass es zudem Zeit wurde uns für das gemeinsame Abschiedsessen mit den restlichen Mitgliedern unserer Gruppe umzukleiden, denn am nächsten Tag hieß es Abschied nehmen von Ägypten und voneinander. Wir machten uns also von der Strandbar auf den Weg durch den Hotelpark und unterhielten uns dabei noch ein wenig über die Rückreise am kommenden Tag.

Nach dem gemeinsamen Abendessen plauderten Leah, Samira und ich dann noch bis spät in die Nacht an der Cocktailbar über unsere gemeinsame Reise und insbesondere über die wunderschöne Zeit, die wir auf der Dahabeya hatten.

V. Resümee

Wenn ich nun ein Resümee ziehen soll, so kann ich nur davon sprechen, dass das Coaching einen durch und durch positiven und erfolgreichen Verlauf genommen hatte. Nachdem mir Leahs Problem bekannt war, habe ich sie zunächst dabei unterstützt ihr Ziel in eine geeignete Form zu bringen, die dann als Grundlage für ein Coaching verwendet werden konnte. Hierbei wurde ein Zielsatz gemäß der SMART-SPEZI-Kriterien formuliert. Im nächsten Schritt ging es darum mit Hilfe des Modells der Interventionen ein geeignetes Format für das Coaching zu identifizieren, wozu zunächst eine Prüfung des Zielsatzes auf das Vorliegen einer Interferenz erfolgte, was jedoch nicht der Fall war. Es folgte die Auswahl bzw. die Konstruktion eines Formats für das

Coaching, wobei ich mich für eine Kombination aus Chunking, Chaining und Moment of Excellence entschied. Dieses Format erwies sich im folgenden Coaching als erfolgreich, nachdem Leah das „große“ Ziel in kleinere Teilziele aufgegliedert hatte und diese dann in einer Kette angeordnet waren, ergänzten wir jeden dieser Abschnitte um die jeweils notwendigen Fähigkeiten. Diese Ressourcenausstattung wurde in der Folge zahlreichen Testdurchläufen unterzogen und verfestigt. Nach Abschluss des Coachings waren bei Leah keinerlei Hemmnisse mehr zu erkennen.

Für die zukünftige Umsetzung wurden Leah noch Tipps gegeben, wie sie das im Coaching Erreichte bewahren und ggf. an veränderte Umstände anpassen könnte, auch Hinweise zu weiteren Möglichkeiten wurden ihr mit auf den Weg gegeben.

C. Schlussbemerkungen

Am nächsten Morgen standen die Fahrt zum Flughafen und der Rückflug auf dem Programm, womit auch meine Ägyptenreise ein Ende nahm. Nach knapp fünf Stunden Flug kam ich dann schließlich in einem, im Schneechaos versunkenem Deutschland an; nur gut, dass die Streudienste vor meinem Abflug noch in großen Tönen davon gesprochen hatten, wie optimal sie dieses Jahr vorbereitet wären und das sie so viel Salz eingelagert hätten, dass es wohl auch noch für ein weiteres Jahr reichen würde. Bei meiner Rückkehr, nur zwei Wochen später bot sich mir ein völlig anderes Bild, nachdem ich eine ca. 30 cm dicke Schnee- und Eisschicht von meinem Lexus auf dem Flughafenparkplatz entfernt hatte; während ich die Autobahn noch in einem vernünftigen, geräumten Zustand vorfand, sah dies in der Stadt schon gänzlich anders aus und ich musste letztlich zur Hälfte in einem Schneeberg parken, aus dem ich am nächsten Morgen nur mit knapper Not entkommen konnte.

Einen Monat nach unserer Rückkehr begann dann die ägyptische Revolution mit den ersten Massenprotesten in Kairo, es war ein ungewöhnliches Gefühl diese Bilder von Orten zu sehen, an denen man nur wenige Wochen zuvor spazieren gegangen war.

Inzwischen ist nun ein halbes Jahr vergangen und ich stehe mit Leah weiterhin in Kontakt, wir tauschen uns per Mail über allerlei Dinge – so erfuhr ich auch, dass unser Reiseleiter Ahmet die Revolution gut überstanden hatte, denn er hatte Samira eine kurze SMS mit dieser Information zukommen lassen – und natürlich auch über die Entwicklung ihrer Dissertation und die Ergebnisse des Coachings aus. Nachdem Leah die ersten beiden Schritte inzwischen erfolgreich hinter sich gebracht hat, bereitet sie sich zurzeit intensiv auf eine Präsentation bei ihrem Betreuer vor. Bisher kam es nicht wieder zu Problemen auf dem Weg zu ihrem Doktorhut und auch in Bezug auf das aktuelle Teilziel ist Leah – wenn eventuell auch ein bisschen übertrieben akribisch bei der Vorbereitung – absolut zuversichtlich.

Und ich bin das auch.

Anhang

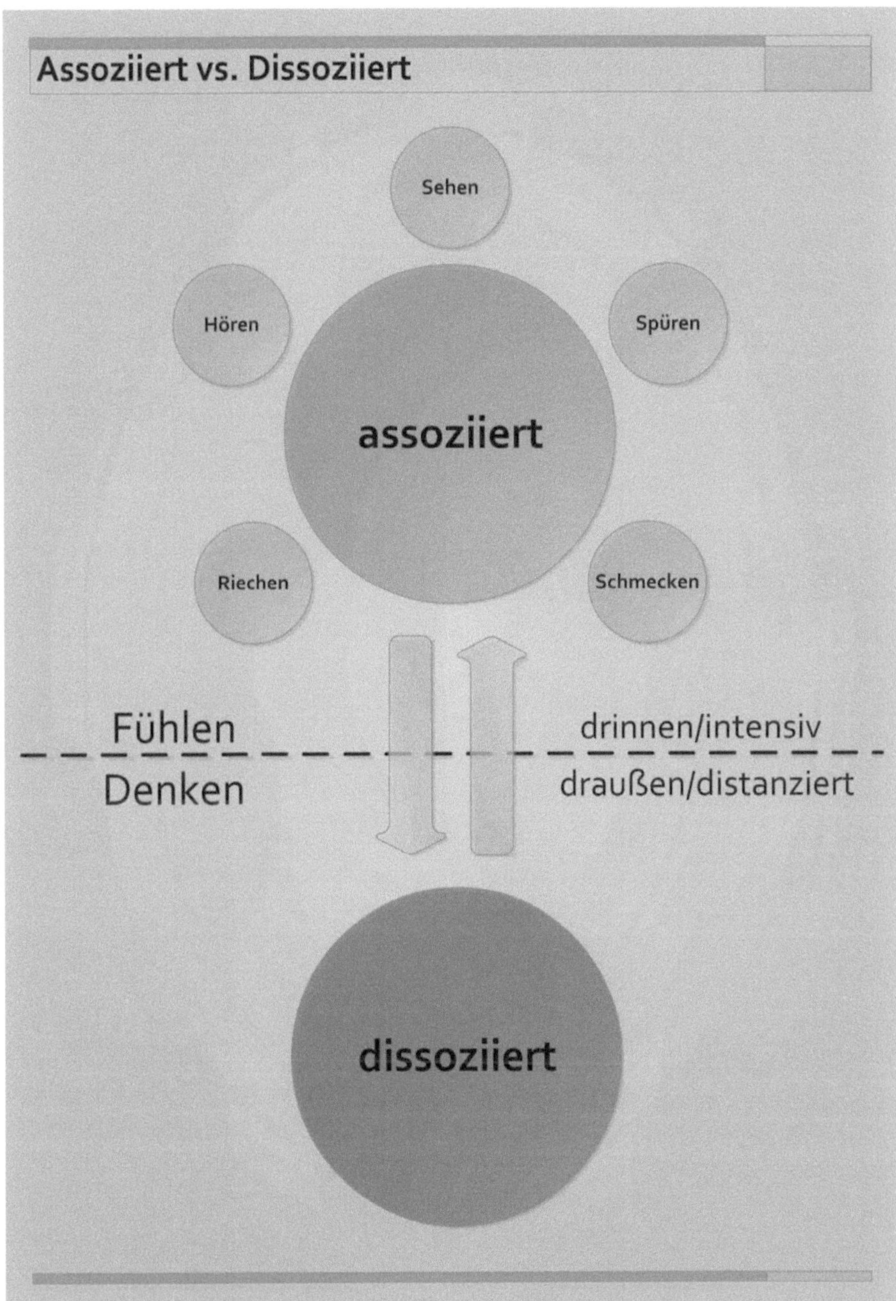

Anhang A: Assoziation vs. Dissoziation

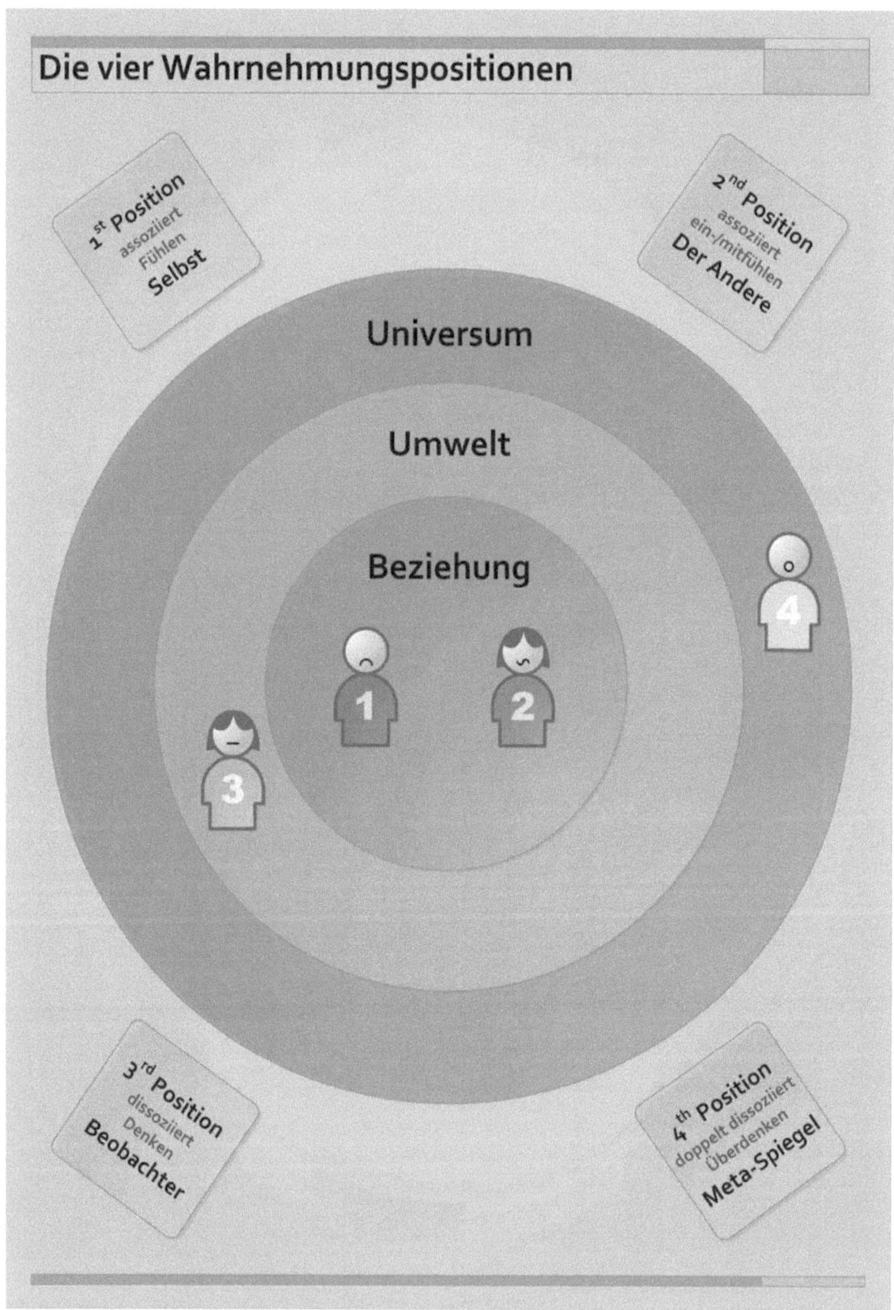

Anhang B: Die vier Wahrnehmungspositionen nach Robert Dilts

Die 5 Repräsentationssysteme

Basierend auf den fünf Sinnen des Menschen werden die folgenden fünf Repräsentationssysteme unterschieden:

Visuell	–	Auge/Sehen
Auditiv	–	Ohr/Hören
Kinästhetisch	–	Haut/Spüren
Olfaktorisch	–	Nase/Riechen
Gustatorisch	–	Mund/Schmecken

Bei den meisten Menschen findet sich ein mehr oder weniger stark dominierendes Leitsystem, welches sich zum Beispiel in der bevorzugten Verwendung eines mit diesem harmonisierenden Vokabulars widerspiegelt. Bezogen auf den Anteil der Bevölkerung dominieren in unserem modern geprägtem westlichen Kulturkreis visuelle (50% - 70%), auditive (25% - 40%) und kinästhetische (5% - 10%)* Typen. In anderen Kulturkreisen und insbesondere in traditionellen Gesellschaften gibt es hingegen auch einen relevanten Anteil olfaktorischer und gustatorischer Typen.

„Die fünf Sinne", Gemälde von Hans Makart aus den Jahren 1872–1879: Tastsinn, Hören, Sehen, Riechen, Schmecken

* Anmerkung: In der Literatur finden sich unterschiedliche Werte, die jedoch eine klare Tendenz erkennen lassen.

Anhang C: Die 5 Repräsentationssysteme

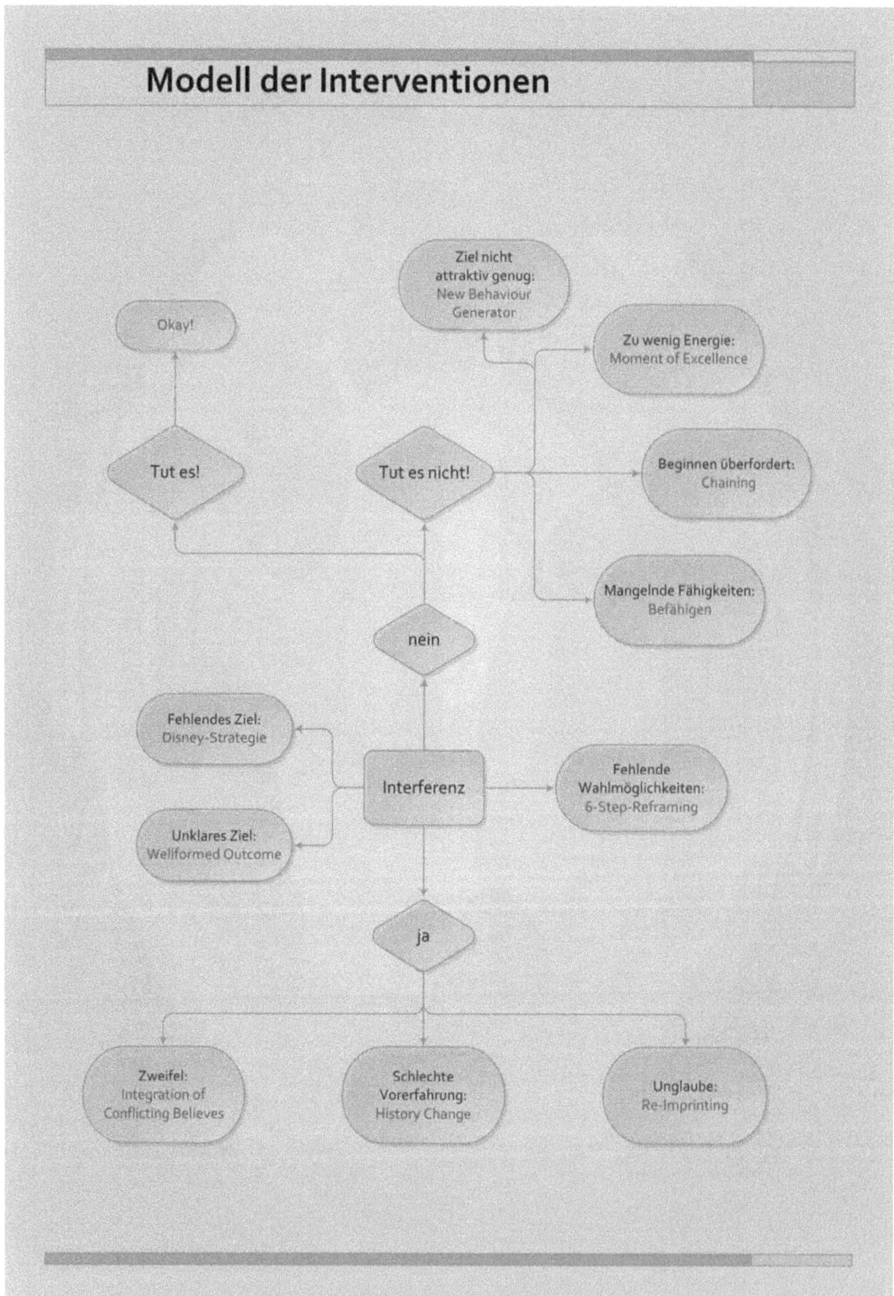

Anhang D: Modell der Interventionen wie es auch Adrian Schweizer vermittelt

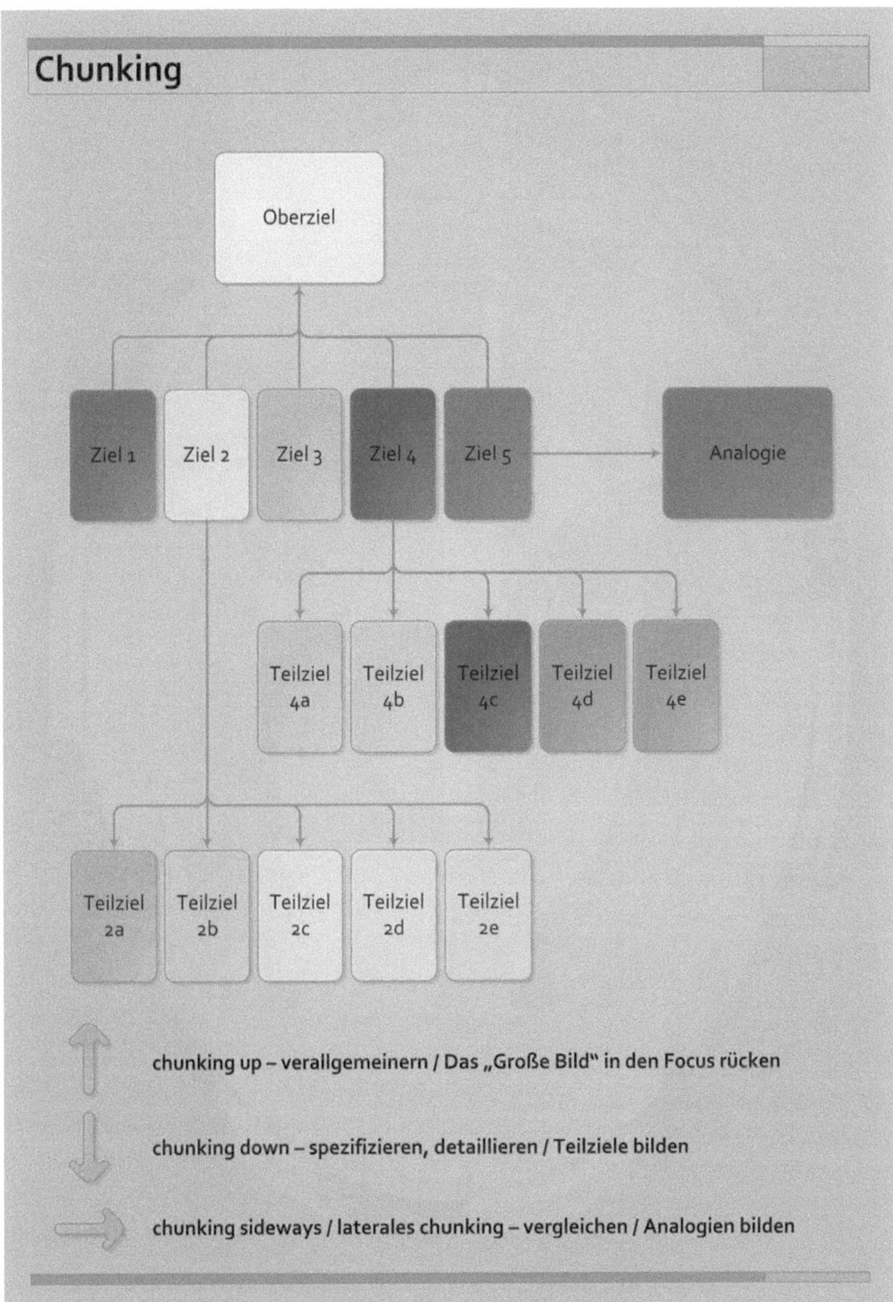

Anhang E: Chunking

Chaining

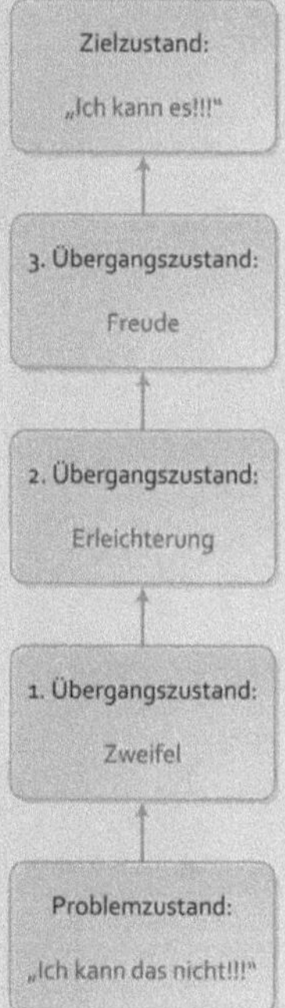

Chaining ist eine Technik, die Anwendung findet, wenn der Coachee mit dem Beginn eines Vorhabens überfordert ist.
Hierzu wird zwischen dem Problemzustand („Ich kann es nicht!!!") und dem Zielzustand („Ich kann es!!!") eine Kette aus inneren Zuständen gebildet, die es dem Coachee ermöglicht die zuvor unüberwindbar scheinende Kluft zwischen beiden Zuständen – gleich einem breiten Bach, den man in einem Sprung nicht zu überwinden mag, auf Trittsteinen in einer Furt – sicher und problemlos zu durchwandern.
Diese Kette wird vom Coachee mehrfach durchschritten und die einzelnen Zustände werden geankert. Ein erfolgreiches Chaining kann tendenziell eine Automatik entwickeln, so dass der Coachee – sobald er in den Problemzustand gerät – automatisch mit dem eingeübten Prozess reagiert und hierdurch in kürzester Zeit den Zielzustand erreicht.
Sprich: Gerät der Coachee in eine frustrierende Situation („Ich kann es nicht!"), reagiert er mit Selbstvertrauen („Ich kann es!").

Anhang F: Chaining

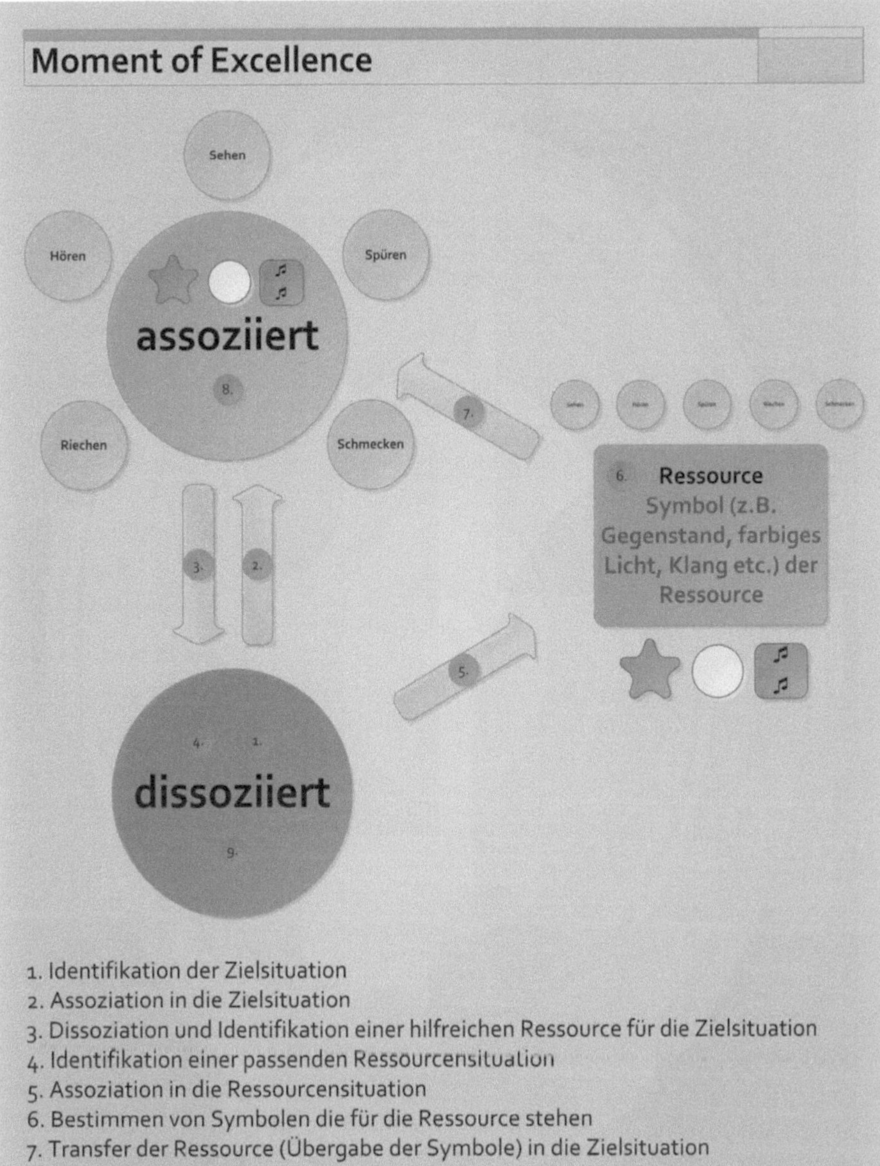

1. Identifikation der Zielsituation
2. Assoziation in die Zielsituation
3. Dissoziation und Identifikation einer hilfreichen Ressource für die Zielsituation
4. Identifikation einer passenden Ressourcensituation
5. Assoziation in die Ressourcensituation
6. Bestimmen von Symbolen die für die Ressource stehen
7. Transfer der Ressource (Übergabe der Symbole) in die Zielsituation
8. Assoziation in die Zielsituation und Aufnahme der Ressource
9. Dissoziation und Überprüfung des Ergebnisses
10. Wiederholen der Schritte 2. – 9. bis das Ergebnis zufriedenstellend ist

Anhang G: Moment of Excellence (MoE)

TOTE-Modell

Der von Miller, Galanter und Pribram beschriebene TOTE-Prozess ist vierphasig und bezeichnet eine abgegrenzte Verhaltenssequenz. Die vier Phasen sind:

- TEST: Es wird eine innerpersonale Testsequenz durchlaufen, als deren Ergebnis eine Inkongruenz zwischen dem aktuellen Zustand des Organismus und dem (gewünschten) Referenzzustand festgestellt wird
- OPERATE: Durch eine „Operation" wird eine Aktivität zur Veränderung des Zustandes gesetzt
- TEST: Es folgt ein erneuter Test auf Inkongruenz, ist die Inkongruenz weiter vorhanden, wird durch eine Schleife ein neuer Operationsprozess initiiert
- EXIT: Nach Herstellung von Kongruenz zwischen Referenzzustand und aktuellem Zustand (vulgo SOLL-IST-Vergleich) wird die Verhaltenssequenz verlassen

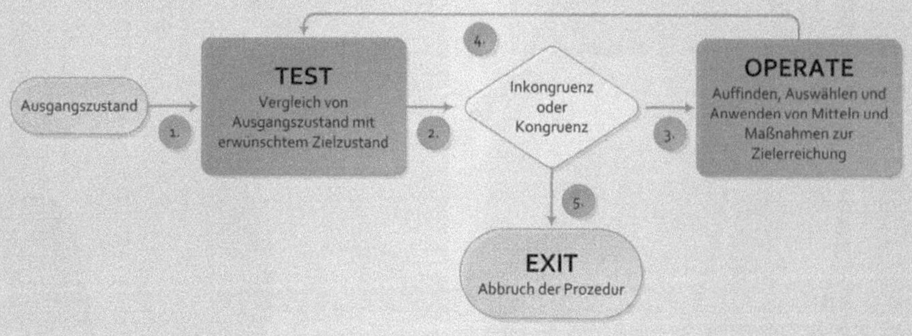

1. Nach Ermittlung des Ausgangszustands und Festlegung des Zielzustandes beginnt das TOTE-Modell mit dem ersten TEST, der beide Zustände miteinander vergleicht
2. Ergebnis des TEST ist entweder die Übereinstimmung (Kongruenz) der beiden Zustände oder eine Abweichung (Inkongruenz) zwischen ihnen
3. Liegt eine Inkongruenz vor, folgt Abschnitt OPERATE, der das Auffinden, Auswählen und Anwenden von Mitteln und Maßnahmen zur Zielerreichung umfasst
4. Nach einem Durchlauf von OPERATE folgt stets wieder ein TEST um den Erfolg der angewendeten Mittel und Maßnahmen zu evaluieren
5. Sobald zwischen Ausgangs- und Zielzustand Kongruenz besteht (ggf. nach mehreren Durchläufen der TEST-OPERATE-TEST Schleife) kann die Prozedur abgebrochen werden: EXIT

Anhang H: TOTE-Modell

Zielformulierung mit SMART

S M A R T

Ziele formulieren mit S.M.A.R.T.

S – Spezifisch

Ziele müssen eindeutig definiert sein (nicht vage, sondern so präzise wie möglich).

M – Messbar

Ziele müssen messbar sein (Messbarkeitskriterien). Die Formulierung enthält überprüfbare, konkrete Kriterien anhand derer die Zielerreichung überprüft werden kann.

A – Ausführbar / Attraktiv

Ziele müssen von den Empfängern akzeptiert werden und erreichbar sein.

Die Zielerreichung muss für die Person, die das Ziel erreichen will, attraktiv und anstrebenswert sein. Hier steckt die Motivation drin, etwas für die Zielerreichung zu tun, ohne die ein Ziel bestenfalls ein Wunsch ist.

R – Realistisch / Relevant

Ziele müssen möglich sein. Das Ziel ist so formuliert, dass nur solche Verhaltensweisen zu seinem Erreichen erforderlich sind, die die Person, die das Ziel erreichen will, selbst ausführen kann und will.

Ziele müssen von hoher Bedeutung sein.

T – Terminierbar

Zu jedem Ziel gehört eine klare Terminvorgabe, bis wann das Ziel erreicht sein wird.

Anhang I: Zielformulierung mit SMART (vgl. http://nlpportal.org/nlpedia/wiki/SMART)

Zielformulierung mit SPEZI

S
P
E
Z
I

Ziele formulieren mit S.P.E.Z.I.

S – Das Ziel sinnlich konkret erleben und beschreiben

Der Zielzustand soll sinnlich konkret erlebt werden mit allem, was mittels Sehen, Hören, Spüren, Riechen und Schmecken erlebbar ist. Dabei sollte man so tun, als ob das Ziel bereits erreicht wäre. Also nicht: „Ich will 2008 ein bisschen abnehmen", sondern „Ich will bis zum Sommerurlaub im Juli 65 kg wiegen, indem ich mich gesund ernähre und drei mal in der Woche Sport mache".

P – Positive Zielformulierung

Das Ziel soll positiv formuliert sein und keine Vergleiche beinhalten. Wenn man in einem Taxi sitzt und der Fahrer fragt, wo man hinwill, ist es wenig hilfreich, ihm zu sagen: „Also ich will auf keinen Fall zum Bahnhof. Und in ein Restaurant will ich auch nicht. Und auch nicht zur Post..."

E – Das Ziel ist eigenständig erreichbar

Das Ziel sollte sich nur auf Ideen, Lösungen und Träume beziehen, die ich selbständig erreichen kann. Wenn das Ziel z.B. lautet: „Ich möchte im Jahr 2008 endlich meinen Traumpartner kennenlernen", *ist das zwar gut und schön, aber das Schicksal liegt nicht in unserer Hand. Es gibt jedoch einiges, was man persönlich tun kann.*

Z – Zusammenhang klären (Öko-Check)

Wo werde ich meine Ziele erreichen und wann wird es sein. Welche Menschen und welche Lebensbereiche betrifft es, wenn ich mein Ziel erreicht habe? Gibt es irgendwelche negativen Auswirkungen?

I – Intention des Alten erhaltend

Wenn man sein Verhalten ändern will, ist es ratsam, sich zu fragen, was positiv an dem alten Verhalten war, welches man verändern/abschaffen möchte.

Anhang J: Zielformulierung mit SPEZI (vgl. http://nlpportal.org/nlpedia/wiki/SPEZI)

Zielformulierung mit SMART-SPEZI

S M A R T
P
E
Z
I

Ziele formulieren mit S.M.A.R.T.-S.P.E.Z.I.

SMART-SPEZI verdeutlicht den Zusammenhang zwischen den beiden Kriterienkatalogen zur Zielformulierung SMART und SPEZI.

Während SMART sich intensiv auf das Ziel konzentriert (daher ist es auch im Projektmanagement äußert populär geworden und findet seinen Einsatz auch als Kriterium zur eindeutigen Definition von Zielen bei Zielvereinbarungen), bezieht SPEZI auch die Aspekte der Nachhaltigkeit und Systemverträglichkeit (Öko-Check) mit ein, wodurch es sich anders als SMART für die Zielformulierung in Veränderungsprozessen eignet.

Zusammenhänge:

Die beiden wichtigen Aspekte der Messbarkeit (M) und Terminierbarkeit (T) aus dem SMART-Modell finden Eingang in das sinnlich konkrete Beschreiben (S) des SPEZI-Modells. D.h. bei der Formulierung des erreichten Ziels sind der Zeitpunkt und ein überprüfbares Kriterium bzgl. des Zielerreichungsgrades konkret zu benennen.

Ausführbarkeit (A) und Realistik (R) aus dem SMART-Modell finden sich wieder in der eigenständigen Erreichbarkeit (E) des SPEZI-Modells.

Attraktivität (A) und Relevanz (R) aus dem SMART-Modell finden sich im SPEZI-Modell wieder, wenn es um die Klärung des Zusammenhangs (Z) geht.

Die Spezifik (S) bei der Zielformulierung aus dem SMART-Modell ist auch bei der sinnlich konkreten Beschreibung (S) nach dem SPEZI-Modell zu bewahren.

Die positive Formulierung (P) der Ziele nach dem SPEZI-Modell findet zumeist auch im SMART-Modell Verwendung, ist hier aber nicht bindend.

Die Intentionserhaltung (I) und die Klärung des Zusammenhangs (Z) aus dem SPEZI-Modell, sind die beiden Aspekte die sich nicht in SMART wiederfinden, und die die besondere Eignung des SPEZI-Modells für Veränderungsprozesse ausmachen.

Anhang K: Zielformulierung mit SMART-SPEZI; Zusammenhänge zwischen beiden Konzepten zur Zielformulierung

Literaturverzeichnis

Dilts, *Robert B.*: Die Veränderung von Glaubenssystemen – NLP-Glaubensarbeit, Paderborn 1993 (zit.: *Dilts*, Veränderung)

Grinder, *John* / ***Bandler***, *Richard*: Therapie in Trance – Neurolinguistisches Programmieren (NLP) und die Struktur hypnotischer Kommunikation, Stuttgart 1984 (2010) (zit.: *Grinder/Bandler*, Therapie)

Wurst, *Michael P.*: Spiral Dynamics und AQAL in der Mediation – Ein integraler Ansatz mit einem Praxisfall, Norderstedt 2009 (zit.: *Wurst*, SD und AQAL)

Abbildungsverzeichnis

Die für die Abbildungen 1, 2, 3, 4, 6, 8, 9, 10, 13, 14, 15, 16, 17, 18, 19 und 20 verwendeten Fotografien wurden vom Autor während der Reise aufgenommen, die Bildrechte liegen beim Autor.

Die in den Abbildungen 5, 7, 11 und 12, sowie in den Anhängen A bis K verwendeten Grafiken wurden vom Autor erstellt, die Rechte an den Grafiken liegen beim Autor.

Abkürzungsverzeichnis

Abb.	Abbildung
AQAL	alle Quadranten, alle Level, alle Linien, alle Zustände und alle Typen
bzgl.	bezüglich
bzw.	beziehungsweise
ca.	circa
d. h.	das heißt
Dr.	Doktor
etc.	Et cetera
evtl.	eventuell
f.	folgende
ff.	fortfolgende
GAU	größter anzunehmender Unfall
ggf.	gegebenenfalls
m	Meter
MoE	Moment of Excellence
OP	Operation/Operations-
S.	Seite
SD	Spiral Dynamics
Tab.	Tabelle
TOTE	Test-Operate-Test-Exit
v. Chr.	vor Christus
vgl.	vergleiche
vs.	Versus
z. B.	zum Beispiel
zit.	zitiert

Printed by Books on Demand GmbH, Norderstedt / Germany